開成流ロジカル勉強法

LOGICAL LEARNING METHODS

小林尚
SHO KOBAYASHI
CASTDICE TV

CrossMedia Publishing

本書におけるロジックとは？

ストーリーロジック

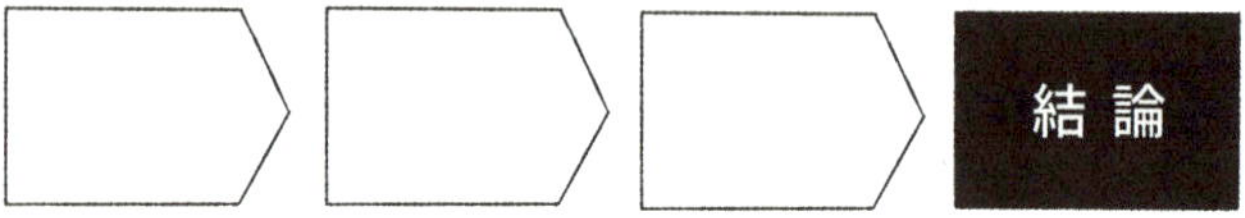

ストラクチャーロジック

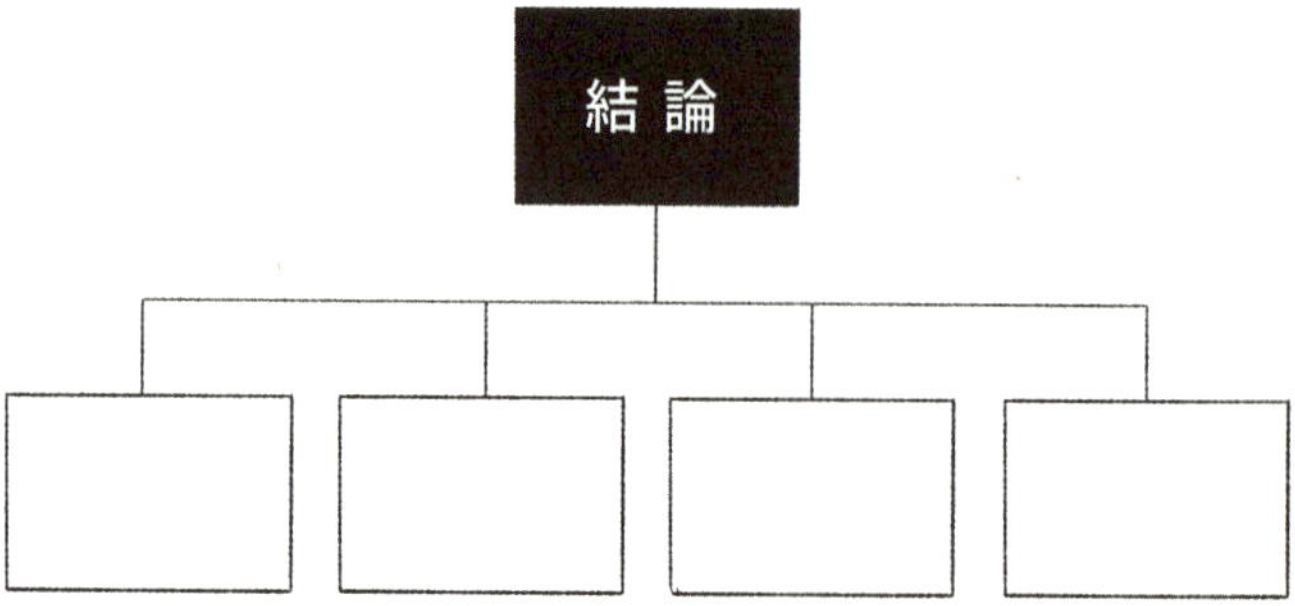

この2つを覚えるのだ

プロローグ
開成流ロジカル勉強法ってなに？

数ある勉強法の本の中から本書を手にとっていただき、誠にありがとうございます。お礼ついでに早速みなさんに質問ですが、「勉強」と聞いて、みなさんはどのようなことを思い浮かべるでしょうか。

多くの方にとって勉強とは**「覚える（暗記する）」**ことと**「問題を解く」**ことだと思います。もちろんそれは間違っていません。今まで学校教育や受験勉強といった領域で重視されてきたのは、基本となる知識を覚えたうえで問題・課題を解けることであり、これはなにかを学ぶうえで欠かせないものです。

しかし大学生や社会人の方にとって、この「勉強」では不十分であることは否めません。社会に出れば、参考書やペーパーテストはむしろ存在せず、リアルな人とのコミュニケーションの中でインプット・アウトプットをしていかなければなりません。そして近年英語教育の4技能化が叫ばれ、２０２０年度から大学入学共通テスト（英語に関しては民間の4技能試験）が導入される中、もはやそれは大学生や大人に限った話ではなく、高校生やそれ以下の学年の方にとっても他人事ではない時代がやってきているのです。

4技能とは「読む」「聞く」「書く」「話す」によって構成されることはみなさんもご存じでしょう。「読む」「聞く」というのはインプットの方法であり、「書く」「話す」というのはアウトプットの方法です。

インプットとアウトプットという言葉を使うと、覚えた（インプットした）ことで問題を解く（アウトプットする）ことをイメージすると思いますが、実はそれだけに限りません。アウトプットすることで、思考が整理されたり、次のインプットにつながったりすることもあります。みなさんも学生のころにまとめノートや暗記用のメモをつくったことがあると思いますが、それらはアウトプットによる記憶の整理、もしくは情報を理解するための準備としてよい例です。

そしてこの4技能は巷では英語学習のシーンで語られることが多いですが、実際は英語学習に限ったものではありません。「読む」「聞く」「書く」「話す」というのは私たちのコミュニケーションに必須の要素であり、特定の言語・科目にのみ存在するものではないのです。

国語でも数学でも専門知識でも、この4つの力が勉強において重要なカギになることは論を俟ちません。そしてこの**4つの力を総動員してなにかを学ぶことが、実際の社会で役立つ「勉強」**

であることに他ならないと私は考えます。

世の中には優れた勉強法の著作がたくさん存在します。私自身、受験をしてきた人間、そして教育業界に生きている人間として多くの方の著作を読んできました。その中には勉強法として非常に有効なノウハウがいくつも存在することも事実です。

しかし「読む」「聞く」「書く」「話す」といった4技能に着目し、真に社会で使える力を養うための勉強法に言及している本はまだ少数であり、読み手のみなさんはなんとなくでしか4技能を意識できなかったことも事実でしょう。

実はこれを理解いただき、4技能を意識しながら既存の勉強法の著作で学ぶだけでも、みなさんにとって非常にメリットがあるに違いはありません。しかし本書では、この4技能という要素で勉強法を語るだけではなく、さらに「ロジカル」という要素を盛り込んでいます。

「ロジカル」とか「ロジック」という言葉は今でこそビジネスシーンをはじめ、多くの人が触れるようになった言葉ですが、その実態はあまり知られていません。

もちろんそのまま英語を日本語として翻訳すれば「論理」や「道理」といった意味なのですが、それだけでは説明に成功したとは言えません。ではその正体はなにかと言うと、「ある程度多くの人が理解できるように、説明を順序立て、分解すること」に他なりません。
つまり「ロジカルな勉強法」とは奇抜で特殊な技術や、今まで誰も知らなかったような大発見に基づくものではありません。その代わり多くの人が理解・実践でき、そして身に付ければ一生使える技術を指しています。

ここまででこの本のコンセプトである**「4技能×ロジック」**は理解いただけたと思いますが、日本ではまだ日本語における4技能教育、および論理的な思考を鍛える教育が盛んであるとは言えません。そこにいわば一石を投じようとする私に、その資格があるのでしょうか。

私は高校受験で開成高校に入学し、現役で東京大学文科Ⅰ類に入学、法学部を卒業しました。卒業後はコンサルティング会社で鍛えられ、現在では自分の会社を経営しています（2017年からはYouTubeでも活動をしているので、YouTubeをきっかけに本書をお読みいただいている方もいらっしゃるかもしれません）。このように書くと、やはり東京大学に注目いただくことが多いのですが、**私の勉強法の根本が形成されたのは開成高校時代、弁論部に在籍していた時代でした。**

開成高校の弁論部では、主にディベートという競技に取り組んでいました。ディベートでは与えられたテーマ（論題）に対し、肯定側・否定側の両面から議論を形成します。ディベートというと「話す」部分にばかり注目されますが、議論の土台・証拠を形成するための資料を「読む」力、対戦相手の意見・反論を「聞く」力、そして自分たちの主張を伝えるための立論（台本）を「書く」力、すなわち4技能すべてを要求される競技です。そして、これらは単純に耳触りがいいとか、綺麗な言葉が並べられているといった表面的な部分で評価されるのではなく、「論理的に肯定側・否定側のどちらの主張がより正しいか」という厳しいロジックのもとでジャッジ（審判）に精査されます。

勘のいい読者の方であれば既に理解に至っていると思いますが、この弁論部の時代に私はロジックや4技能の基礎を学び、これが今日でもあらゆることを学習することの幹を形成しています。

当然高校生の私がこれらを完璧に使いこなして大学受験や大学の学習に取り組めたかといえばそうではなく、多くの改善点があったと今でも思います。

しかし社会人となり、まさにロジカルシンキングという言葉を最も標榜している業界であるコンサルティング会社に入社して鍛えられ、私自身の経営する会社で教育に携わる中で、このコンセプトは飛躍的に進化しました。

少し昔話が過ぎましたが、本書の目的はすなわち、単に4技能を活用した勉強法を語ることではなく、**4技能を活用した「ロジカル」な勉強法**を語ることです。より合理的に4技能を活用し、実際に使える勉強法をみなさんに伝えることが本書の使命です。

ノウハウを伝える以上、前述の通りそれは一生モノであるべきです。一度自転車に乗れるようになれば大概何年か乗らなくても乗り方を忘れないように、勉強法も一度身に付けてしまえば一生使えるものであるべきでしょう。みなさんもそこに付け焼刃的な浅い技術を求めているわけではないと思います。そしてノウハウである以上、私にはわかりやすく伝える義務があり、みなさんには読むだけでなく、実践して身に付けていただく必要があります。ぜひ本書の内容を実践し、一生モノの勉強法を会得してください。

さあ、それでは始めましょう！

目次

プロローグ

第1章 可能性を4倍にする勉強法

第2章 ロジカルに「読む」

第3章 ロジカルに「聞く」

第4章 ロジカルに「書く」

第5章 ロジカルに「話す」

第6章 勉強とは夢である

エピローグ

第1章

可能性を4倍にする勉強法

LOGICAL LEARNING METHODS 01

日本の大学生・社会人はとにかく勉強しない

巷では日本人はとにかく勉強しないと言われています。みなさんもメディアで日本の大学生は遊んでばかりいるとか、社会人になったら勉強をやめてしまうとか、そういった話を一度や二度は聞いたことがあるのではないでしょうか？

この本が勉強法について述べるための書籍であるにもかかわらず、「勉強しましょう」という、そもそも論からスタートするのはなかなか心苦しいのが実情です。しかし、現実を見ていただくためにもこの話からスタートします。

東京大学大学院教育学研究科大学経営・政策研究センターの「全国大学生調査」（２０１８年）によると、１週間当たりの大学生の勉強時間として授業以外の学習を一切しない人が33％もいます。大学生の本分は勉強だと思われる方もいるでしょうが、授業の予習・復習・課題を一切やらない人は12・５％もいます。すなわち、大学生の８人に１人が「１週間まったく大学の勉強をしない」

ということが明らかになっています。また、政府が出している「社会生活基本調査」(総務省統計局　平成28年度)という統計調査によれば、社会人世代の平均的な勉強時間は1日10分にも満たないようです。

もちろんこれらのデータには前提があり、日本の大学がそもそも学生に課題を出さないケースが多いとか、日本は大学進学率が高いので勉強しない大学生層のサンプルが入り込んでいるとか、社会人の統計でもデータの取り方が諸外国と必ずしも一致しないなど、いくらかの反論の余地があることは事実で、すぐさま「日本人＝不勉強」という結論に飛びつけるわけではありません。事実、私の周りの大学生や社会人の方で、普段から熱心に勉強している方は何人もいます。

しかし、これらのデータを見てドキッとした方、耳が痛いなと思った方は多いのではないでしょうか？　それはやはり、自分は本来このくらい勉強しなければならないと感じているレベルと、実際に勉強できているレベルに乖離があるからでしょう。まずはその現状を認識し、勉強をスタートしなければなりません。

そして、みなさんが「自分は本来このくらい勉強しなければならない」という理想像を描く背景には、「ある程度の勉強量を確保しなければ、成績は上がらない（なにも身に付かない）」という、子ども時代からの刷り込みがあることも事実です。この考えそのものは間違っていません。
みなさんがこの本を手にとったということは、なにかを勉強したい、スキルアップしたい、という決意をお持ちなのだと思います。そのためには、いかに効果的な勉強法を理解しても、最低限の量をこなさなければなにかを会得することは不可能であると断言できます。そしてこの本では、「勉強しなくても成績が上がる！」的なオカルト話とは無縁であり、地道な努力も要求する内容になっています。ですから、一定量の勉強をするのだという決意を持っていただきたいです。

しかし社会人にせよ大学生にせよ、無限に時間があるわけではなく、日々の生活に追われながら勉強をしなければならないということも、変えられない事実です。会社や学校をやめて、難関資格試験にチャレンジするといった話はよくありますが、そこまでリスクをとった挑戦を誰でもできるわけではありません。

だからこそ限られた時間を必ず勉強に充てつつも、時間を有効に活用して効率的にこなしていく、さらに学んだ内容が合理的で実践に役立つというロジカルな勉強法が必要なのです。

LOGICAL LEARNING METHODS 02

勉強の習慣は1日1時間からでOK

「勉強しましょう」という話をしたところで、みなさんの頭の中に浮かぶのは、「ではどうすればいいの？」という疑問だと思います。勉強というのはつまるところ、「なにを」「どのように」「どれくらい」やるのかに他なりませんから、これをベースに少し説明してみましょう。

「なにを」というのは勉強する対象であり、みなさんが取り組む課題でもあります。この本は主に大学生や社会人の方を対象にしていますから、英語をはじめとする外国語や、プログラミング、資格試験などがイメージしやすいかもしれませんが、もしかしたら高校生の方が読んでいて受験勉強に役立てようと考えているかもしれませんね。

「なにを」勉強するのかはまさしくみなさん次第であり、自分の努力の対象として現時点で納得できるものであれば、なんでもよいと考えています。当然、途中で興味関心が変わり、勉強する対象が変化することもあってよいでしょう。

私自身、学生時代に興味を持ったのは受験指導で、予備校のチューターとして働きながら大量の受験参考書や勉強法の本を読み漁りました。そこから得た知識を仕事の現場で活用しながら、さらに多くの人に発信したいという思いに変わり、ウェブサイトをつくることに熱中したこともあります。また、就職を考える中で英語の重要性に気づき、1年ほどひたすらＴＯＥＩＣの勉強に励んだこともあります。

おそらくほとんどの方が想像される通り、ウェブサイト制作や英語講師の業務は、現在私の中心的仕事にはなっていないし、そもそもそれで飯が食えるレベルにも到達していないのが事実です。しかし、興味が変わる中でも一つひとつ真剣に取り組んだことが、今でも役立っていることに間違いはありません。だからこそ、少し遠回りしても構わないので「なにを」勉強するかはみなさん次第だし、それこそ他人に運命を任せて、誰かに「これをやれ」と言われて盲目的に従うことはお勧めしません。

次に問題になるのは「どのように」勉強するかです。これはまさに方法論・ノウハウであり、本書の中でじっくり「4技能」と「ロジック」を軸に解説していきますので、時間をかけて理解いただき、実践してもらえれば幸いです。

最後に「どのくらい」勉強するかですが、結論から言えば（努力を要する可能性は当然ありますが）「無理なく継続できる時間」を設定するべきです。大学生や社会人、もちろん高校生でもよいのですが、結局は人それぞれ生活リズムやライフスタイルが異なります。同じ大学生でも講義やサークル、アルバイトなどの活動が忙しい人もいるでしょうし、意外と暇を持て余している人もいると思います。当然少しよりはたくさん勉強した方がよいに決まっているのですが、それぞれの生活で無理のない範囲でやっていくしかありません。

とはいえ、人は答えを与えられたい生き物であり、私もたくさん質問をいただきます。その際に答えるのは1日1時間から始めましょうという話です。たとえば社会人で仕事をしている人でも1日8時間程度働き、通勤や食事などの時間を差し引いても、なんとか1時間は捻出できます。子どもがいたり、家庭が忙しかったりして机に座って面と向かって勉強に取り組めなくても、隙間時間を利用すればなんとか1時間は確保できるでしょう。

そして1時間でも構わないので継続することが重要です。1日10時間勉強して3日でやめてしまうよりも、1日1時間を30日間やった方が成果につながります。繰り返しやる方が記憶は定着するという根拠もありますが、３日で挫折しそうになるよりも30日間コンスタントに続けられた方が、次の学習に向けて持続可能性があるからです。そして、そもそも一般的な日本人はあまり学習していない（社会人は１日10分足らずしか勉強していない）というデータからも、１時間取り組み続けることは非常に価値が高いことは自明です。

ですから、**勉強を始めるなら1日1時間からでOK。**けれども、毎日必ず続けましょう。継続こそがみなさんの人生を飛躍させます。

LOGICAL LEARNING METHODS 03

4技能を活用して効率を飛躍させる

毎日1時間の勉強を継続するといっても、「それだけでいいのか？」と不安になってしまう方がいます。みなさんの多くはこれまで学校の定期試験や受験勉強、もしかすると資格試験にも挑戦したかもしれませんが、そういった学習にかなりの時間を投下してきました。そのような今までの経験を踏まえると、1時間という勉強時間は決して長い時間ではありませんし、「その程度しか勉強しない（できない）なら、成果が出なそうだからいっそのことやめてしまおう」と考えてしまう気持ちは理解できます。

当然、勉強時間は長い方が有利です。私もそれは否定していません。しかし、みなさんもご存じのようにただ机に座ってぼーっとしている時間やあまり思考せずただ唸っているだけの時間は、勉強時間として決して優れたものではありません。場合によっては勉強した気分になってしまうという点で、むしろデメリットの方が大きい可能性もあるでしょう。

そして日々を忙しく過ごしている人にとっては、長時間の勉強時間を毎日確保することが難しいことも事実です。朝7時や8時に家を出て、夜の19時や20時に帰る。炊事や洗濯、時には知人や同僚との付き合いなど、生活において無駄な時間ではないものの、勉強の観点から言えば、奪われてしまう時間はたくさんあります。そんな私たちにとって、勉強できる時間はかなり限られているのかもしれません。

ですから、その限られた時間を有効活用して、最大限の効率化を図ることが肝要です。「そんなことはわかっているよ!」と言われてしまいそうですが、普段から自身の学習に疑問を持たず改善をしない人こそ、効率化を図れていないということも真実であり、ぜひ耳を傾けてほしいのです。

そして**勉強の効率化の根幹となるのが4技能の活用**だと私は考えています。これまで効率のよい暗記の方法、スケジュールの組み立て方、参考書(学習教材)の選び方といった「ミクロ」の視点での効率化は数多く議論されてきましたし、本に限らずインターネットでもたくさん情報が取得できます。しかし、「マクロ」の視点はどうでしょうか。最近になってやっと英語学習における4技能が叫ばれ、大学受験制度の変更が進んでいるようですが、そもそも勉強において4技能をフル活用して学ぼうという姿勢が私たちに根付いていないことは明らかです。

プロローグでも紹介した通り、**4技能とは「読む」「聞く」「書く」「話す」**によって構成されます。通常「勉強」と呼ばれるものの場合、なんとなく教材を読んだり講義を聞いたりノートをとったりしているだけで、この4つの力を活用しきれていません。もっと強烈に4技能を意識してインプット・アウトプットの効率を最大化させていく必要があるでしょう。

そしてこれらの能力は相互に関係しつつも独立している側面があります。たとえば英語の読解ができてもリスニングができないとか、作文ができてもスピーキングが苦手などといった傾向はしばしば発生します。もちろんなにかの試験に突破することだけが学習のゴールであればそれでよいのかもしれませんが、実際に使える力を育てるのであれば、4つの力を活用する必要があるし、逆に4つの力を用いて勉強するノウハウを身に付けてしまえば、それは一生使えるみなさんの懐刀《ふところがたな》になるといっても過言ではありません。

LOGICAL LEARNING METHODS 04

4技能×ロジカル勉強法

では実際に勉強をしていく中で4技能をどのように活用していくのでしょうか。「4技能を使う」という言葉はあくまで「読む」「聞く」「書く」「話す」を利用して勉強するということと同値であり、具体的にどのように勉強効率を飛躍させるのかを説明しきったことにはなりません。

そこで登場する要素が**「ロジック」**です。プロローグでも述べましたが、「ロジック」や「ロジカル」という言葉は今やほとんどの人が知っている言葉です。ビジネスシーンだけでなく学校の授業、さらには就職活動の際に学生に求められる要素とまで言われることもあります。

しかし、ロジックの本質を理解し活用できている人はほとんどいないといってよいでしょう。それゆえ、私の周囲にも「ロジカルだな」と感じる人はいらっしゃいますが、そういった方も多くの場合は無意識にロジックを使いこなしているケースが多く、「ロジカルではない人にどうやってロジックを教えるか」という場面に立たされると意外と苦労するケースがあります。

ロジックという言葉そのものを、日本語として訳せば「論理」や「道理」ということになります。これは間違ってはいませんが、説明としては不十分です。「リンゴとはなにか?」という問いに対して、「appleです」と答えているようなものです。物事の定義や説明を求められた場合、通常はその物事が有する本質的な要素、ないしはそれに類似する他の物事との差異を述べるべきであり、この場合であれば「木から収穫できる」「赤くて丸い果物」だとか「甘い」「青森県や長野県でたくさん生産されている」といったことを述べるべきです。

では、正しくロジックを説明するならばどのように表現すべきなのかというと、「ある程度多くの人が理解できるように、説明を順序立て、分解すること」と表現するのがよいでしょう。もう少し言い換えれば**「順序(プロセス)」及び「分解」という方法**を用いることで、「多くの人に理解してもらえる」ものとして表現が完成されている状態です。

たとえば、「雨が降りそうだから傘を持っていく」という文章は、ロジカル(論理的)だと感じられます。それは、雨が降ることと傘を持っていくことの因果関係(順序・プロセス)が多くの人にとってなじみのある考え方であり、理解するのに苦労しないからです。同様に「日差しが強いから帽子を被っていこう」とか、「長時間勉強していたら疲れてしまった」といった文章でも、これは成立します。

しかし「3時間働いたから300万円稼いだ」はどうでしょうか。これを発言した人が時給100万円の仕事をしており、それが信じられるのであれば論理的だと感じるかもしれませんが、普通であれば1時間働いて得られる金額は1000円前後からすごく高くても1万円くらいです。そう考えると300万円という数字は私たちの感覚からものすごく乖離しており、論理的であると感じるのは難しいかもしれません。もしくは論理的であると感じてもらうためには、補足の情報が必要になってきます。

話をまとめると**「多くの人に理解してもらう」ためのツールであるロジック**を用いることで、「自分自身にとってわかりやすい」そして「アウトプットした時に他の人にもわかりやすい」状態を維持しながら勉強を進めていくことが効率的である、ということに他なりません。授業を聞いてとったノートがぐちゃぐちゃすぎてまとめノートを作り直したり、何度か読んだ教材の情報が整理しきれなくてまた読んだり。そんな経験はみなさんにもあると思います。これらの行為が完全に無駄とは断定しませんが、なるべく手数を減らし、限られた時間の中で最大限の効率化を図るためにロジックを用いるべきなのです。

LOGICAL LEARNING METHODS 05

ロジックの種類は2つだけ

ロジックの概要について多少説明をしましたが、ここから先の内容をより効果的にするために、もう少しロジックについて解説しましょう。本書はロジカルシンキングがメインテーマというわけではないので、すべてを詳細に解説することはできませんが、「勉強法」という切り口においては必要な説明を果たすつもりです。

さて、先ほどロジカルな状態とは「順序（プロセス）」及び「分解」という方法を用いることで、「多くの人に理解してもらえる」状態である、と述べました。ここから推察できるのはロジックとは順序や分解という作業を活用するということです。聡明な読者の方であれば予想いただいているかもしれませんが、むしろその「順序」や「分解」という手法を強調するためにも、このような定義で今まで説明してきたという方が適切かもしれません。ただ、もう少しわかりやすくするために表現を変えれば、ロジックには**「ストーリーロジック」（順序に基づくロジック）**と**「ストラクチャーロジック」（分解に基づくロジック）**がある、ということになります。↓図I（P30）

図1　ストーリーロジック、ストラクチャーロジック

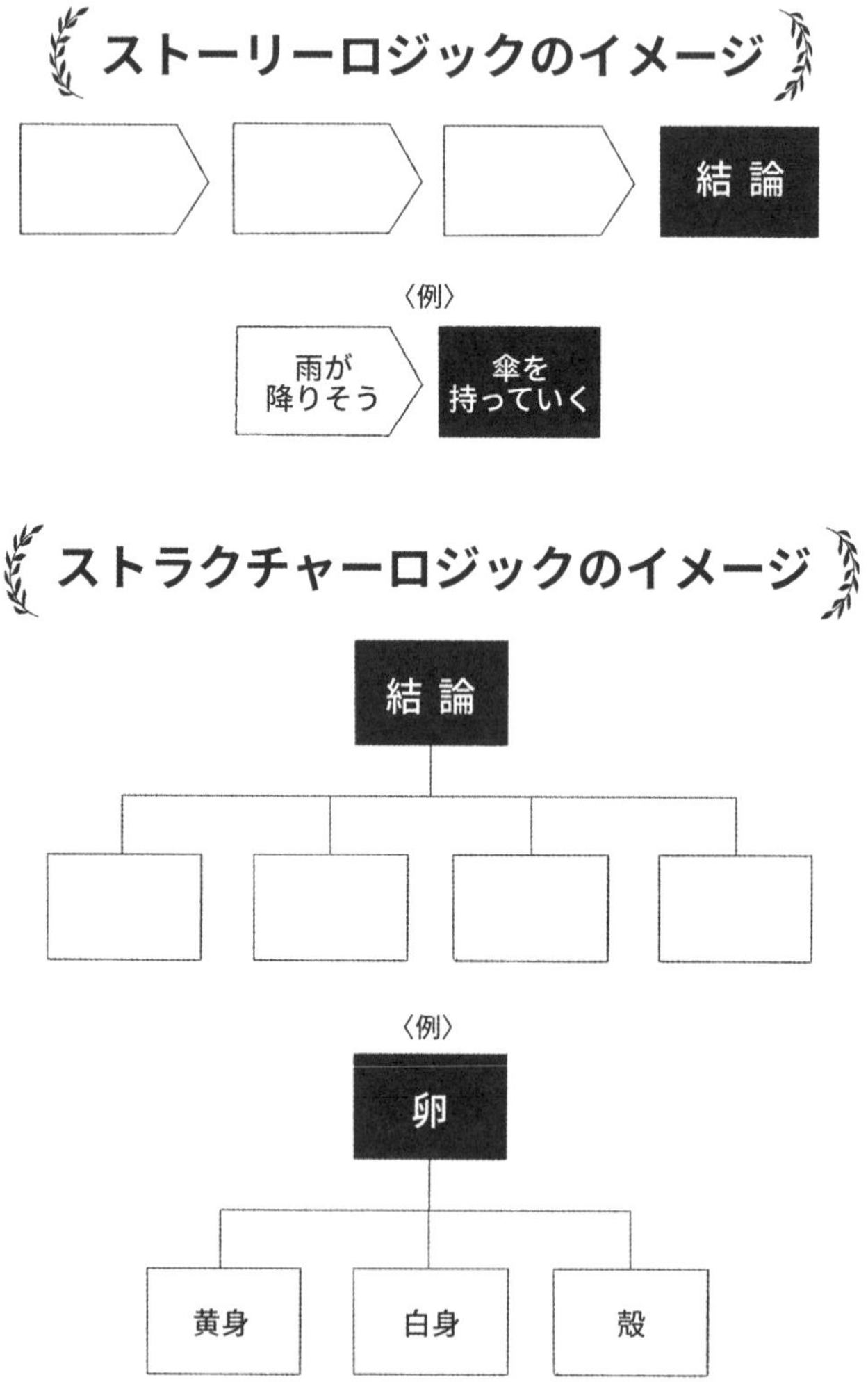

ストーリーロジックとはストーリー（順序）により説明を行うことであり、プロセスや因果関係といった思考法を用います。一方ストラクチャーロジックとはストラクチャー（構造）により説明を行います。構造というと少し抽象的ですが、要素をまとめたり分解したりすることで成り立つものだと理解してください。これらはコンサルティングの分野やロジカルシンキングの分野で登場するものなので、見たことがあるという方もいらっしゃるでしょう。しかし、「ロジックとはなにか」という問いに対する答え、すなわちロジックの定義としては私オリジナルの表現です。

たとえばストーリーロジックとは、先ほど出てきたような「雨が降りそうだから傘を持っていく」という表現が当てはまります。「雨が降りそう」と「傘を持っていく」は順序もしくは因果関係で説明することができます。このように順序立てて説明を行う際は「風が吹けば桶屋が儲かる」といった、飛躍しすぎた展開で説明しないことが重要です。

一方ストラクチャーロジックでは、「卵を分解すると黄身、白身、殻である」という例が当てはまります。卵は黄身、白身、殻により構成されることはみなさんもご存じでしょうが、もっと別の観点、たとえば物質、色、固さ、栄養素といった切り口でも分解は可能です。ですから重要な点は、**「その状況において最適な切り口で分解を行う」**ということです。

そしてストーリーロジックとストラクチャーロジックはそれぞれ独立して利用されるものではなく、混ぜて使われる場合もあります。構造的に説明するための要素の分解方法として、順序という視点で分解したり、因果関係で分解したりするケースもあります。つまりストラクチャーロジックの中にストーリーロジックが入り込む場合、**ストーリーロジックとストラクチャーロジックはまったくの別物というよりは、兄弟か姉妹のような関係だと捉えるとよいでしょう。**

ロジックという言葉は非常に大きな概念なので、どのような切り口でロジックを見るかによってその説明の仕方も変わってきます。たとえばもっとミクロな視点でロジックを捉えれば、「ロジックとは同値（イコール）、対比（不一致）、因果関係である」などとまとめることも可能ではあります。ただ、勉強を進めていく際にはまずマクロの視点で物事を整理・理解していく必要がありますから、小さな視点からスタートするのではなくて大きな視点からスタートするために、このように説明をしています。

LOGICAL LEARNING METHODS 06

「読む」→手軽な読書から始めよ

4技能とロジックについて理解を深めていただいたうえで、いよいよ実際の勉強法を紹介していきたいところですが、まずはそれぞれの概論を解説していきます。**物事を見る際にはいきなり細部に入らず、初めは俯瞰して観察するという行為は非常に重要です。**とくに勉強のように細かな知識を問われたり、緻密な計算を求められたりするものこそ、いざ実際の勉強としては細々とした対応を求められる(細かなことが重要ではないと述べているわけではありません)ため、あらかじめ全体を眺めておくことは欠かせません。

これら4技能において最初に扱うのは「読む」ことです。もちろん聡明なみなさんであれば既にご理解の通り、ただ読むのではなく「ロジカルに読む」ということになります。もちろん「聞く」から入ることも可能なのですが、**私が推奨するのは「読む」からのスタートです。**なぜなら心理的・コスト的に気軽に始められるからです。「聞く」となると講義を申し込んだり、一定時間の拘束があったりするわけですが、なにかを読み始めるのには制約が少なくて済みます。前述の通り学習を継続することが最も重要であり、まずは気軽に着手できるものからスタートするのがよいでしょう。

しかし、当たり前ですがスタートさえすれば後はどうにかなるというわけではありません。「ロジカルに読む」つまりストーリーやストラクチャーに注目して読む、そしてそれを通じて結論や答えを掴む（理解する）ことが求められるわけです。そこで実際に読んでいく際にポイントとなるのが文章を読む際と、整理された情報すなわち図表を読む際、それぞれに対応できるようになることです。

普段私たちが新聞やメディアを読むという場合、いわゆる文章の形式を読解することになります。まさに本書もその形式ですが、こういった伝統的な形式の情報を読み解くのであれば、語学的なアプローチをしていく必要があります。たとえば筆者の結論・メッセージがどこにあるのか判断する方法、文章構成（場合によっては全体像）を把握する方法が挙げられ、実際に本書でもこれについて解説をしています。

しかし最近の学習用教材などはダラダラ書かれているものよりも、あらかじめ情報が整理されている図表形式のものが増えています。

たとえば歴史の教科書はほぼすべて文章で構成されていますが、学習参考書を眺めると情報が整理されて図や表の形式でまとまっている場合が多いでしょう。もちろん理解を深めるために図や表を活用しながら文章で講義するという形式もあります。

いずれにせよ今の世の中ではそうやって読者にやさしい様式で書かれた教材・情報も数多く存在するため、普通に文章を読むのとは異なった手法が必要なのです。

ですから「読む」におけるポイントは「文章を読む」ことと「図表(ないし整理された情報)を読む」という2つの方向性に分かれていくのだということを把握しておいてください。

LOGICAL LEARNING METHODS 07

「聞く」→実は重要な勉強法

4技能の2番手に位置するのが「聞く」です。**「聞く」という行為の方法は大きく2種類あり、受動的に聞くか、積極的に聞くかという区別が可能**です。このように述べると積極的に聞くのが良い方法で、受動的に聞くのが悪い方法のように感じられてしまうかもしれませんが、まだその結論には飛びつかないでください。

受動的に聞くというのは、講義や授業を聞くという方法です。最近ではリアルな場に集合して行われる授業だけでなく、ビデオ会議（skype, zoomなど）を利用したり、それこそ映像授業を利用したりと、さまざまなバリエーションがありますが、いずれにせよ受動的に聞いているわけです。

一方で積極的に聞くというのは、自分から先生に質問するイメージです。この方法もオフライン・オンラインそれぞれ行われていますが、まだまだオフラインで直接誰かに質問する人が圧倒的多数でしょう。

そして最近はこれら2つの「聞く」行為において、とくに受動的に聞く形式が軽視され始めていると感じます。その理由は簡単で、効率的でないと思われがちだからです。大学受験をイメージしていただければわかりやすいのですが、参考書で勉強していれば自分が苦手なところをピンポイントでつぶしたり、伸ばしたい分野に集中して対処したりすることが可能です。

一方、授業を受けるとなれば決められた時間帯で拘束されるうえに、自分には必要のない単元・分野・レベルをやらされるといった非効率が存在するわけです。ゆえに塾や学校の授業を受けるくらいなら、自分で参考書を利用して勉強した方が効率的である、というわけです。

もちろんこの主張は一部正しいです。むしろ私自身YouTubeで大学受験のことを語る際には、効果的な独学の活用を強く推奨しています。しかしそれは「自分で自らの学習状況を俯瞰し、適切な対応ができる」という状態になっている場合に限られます。たとえば、満点が990点のTOEICで現在300点の生徒がこれから900点を目指すという場合であれば、私は迷わずなんらかの講義もしくはコーチングを受けることを推奨します。問題を解いて半分もできないものにチャレンジする場合、その学習が俯瞰できているという状況はまずありえません。それこそ、本の目次を読んだだけのようなレベルで「俯瞰できた」と表現してしまうならともかく、本来学習者に求められている全体像（100%）に対して、及んでいない「視野」が存在するはずです。

だからこそ**受動的に聞くという行為は実は重要**です。自分は気にすることができていないことを気付かせてくれたり、誤って理解していたことを修正してくれたり、そういった恩恵が存在します。ゆえに、受動的に聞くという行為とはうまく付き合っていく（非効率にならない程度に上手に活用する）ことが求められます。

さらに、聞くことと切り離せないのが**「メモをとる」**ということです。メモは「書く」行為に分類するべきかもしれませんが、ただ書くことと、聞きながら書く（聞いたことを書く）ことでは異なる要素もあるので、メモにも焦点を当てながら「聞く」をテーマに解説を行います。

LOGICAL LEARNING METHODS 08

「書く」→「必ず伝わる」を会得せよ

3番目に登場する4技能が「書く」です。実は、書くということ自体には抵抗感がない方が多いです。幼少期から学校でノートをとったり、もしくは参考書や問題集を見ながら「まとめノート」をつくったり、大学でレポートを書いたり、会社で報告書をつくったりと、普段の生活の中でも触れることが多いからでしょう。日本人の特性かもしれませんが、同じアウトプット的な行動でも「書く」方が「話す」よりも接しやすいと感じている人が多いです。

しかし残念ながら、抵抗感がないとか接しやすいことと上手であることは必ずしも一致しません。小さい頃からノートをとっていた経験は、あくまで自分が理解するために書いている行為です。学校で書いた作文も(基本的に自分よりも理解力のある)大人が読めればよいものです。つまりなにが言いたいかというと、私たちは「自分がわかる」もしくは「自分よりも理解力のある人がわかる」というレベルでしか「書く」ことの訓練を受けていないということです。それこそ大学や大学院で本格的に研究に取り組んで学会で発表するような経験や、私の高校時代の部活のようにディベートの原稿を書いて度々発表するような経験といった特殊な環境において適切な指導を受けない限り、「書く」ことについてきちんと学んだことがあるという人は少ないはずです。

そもそも「書く」という行為は、情報処理スピードの観点だけで言えば、効率がよいものではありません。たとえば本書の1ページをランダムに選んで、「読む」「聞く」「書く」「話す」をそれぞれ行った場合、圧倒的に時間がかかるのは「書く」ことです。これはみなさんにとっても想像に難くないでしょう。しかし**「書く」ことは4技能において唯一、形に残すことのできる行為**でもあります。一度情報を保存し、見返したり、他者への説明に利用したり、後から発生する課題に対して使い勝手が非常によいのです。「書く」ことのメリットは大きいながら、それに必要な時間的コストも存在するわけです。

ですから、重要になるポイントは**「なにを書くか取捨選択すること」**(なんでも書いていては時間効率が悪い)そして**「必ず伝わるレベルで書く」**ことです。取捨選択というのは理解しやすいと思いますが、問題は「必ず伝わるレベルで書く」ことでしょう。「必ず伝わるレベルで書く」というのは、書いたものを「なんとかわかってもらおう」とか「あわよくば伝わるかもしれない」という段階から「どんな立場・知識の人が見ても理解できる」ところまで引き上げることです。みなさんも経験があるかもしれませんが「自分がわかれば問題ない」と思って書いたノートは、後から見返すと自分ですら理解不能なことがあります。上記のように書く行為には時間を要しますから、せっかく書くのであればわかりやすさのレベルを一定以上に高めておくべきです。

そしてそのために必要な観点が「文章の書き方」と「図表の用い方」です。「読む」の紹介においても実は似た文言をキーワードとして挙げていますが、一般的に「読み書き」というだけあってやはりポイントは類似しています。ただし、「読む」場合は与えられた情報をどうにか処理するという考え方しかできませんが、「書く」場合は制約がない、いわば無限の可能性があります。どのように書いてもよいわけで、「必ず伝わる」レベルに到達するための工夫を存分に発揮することができます。

また、今回はあくまで勉強法における「書く」行為を取り上げはしますが、必ず伝わる状態まで「書く」ことを突き詰めるのは、自分にとっても他者にとっても理解を容易にする行為であり、それこそ大学生や社会人の方にとっては日常生活（学習、研究、仕事）における一生モノの重要スキルにさえなりうるものであることを補足しておきます。

LOGICAL LEARNING METHODS 09

「話す」→最強のインプット法

4技能最後のテーマが「話す」です。勉強法や学習法を扱う際に「話す」方法を取り上げているケースは多くありません。近年は英語学習において音読の重要性が浸透しており、私もそれには同意する部分が多いのですが、「話す」と「音読」は異なる作業であり、音読は読んで字のごとく「声に出して読む」という観点で「読む」に分類すべきものだと考えています(本書は分類学的な正確性を求めているわけではなく、この分類の正確性を議論する気はありませんので、「話す」と「音読」は少し違うということを理解いただければ十分です)。

私たちが「話す」勉強法に触れる機会が少ないのは、やはり「話す」アウトプットを求められる場面がそれほど多くないからだと言えます。大学受験までの勉強のほとんどが「書く」試験ですし、学校教育において「話す」場面といえば先生に指名されて問題に答えるとか、意見発表と称して好きなことを話すくらいのものです。

しかし**「話す」ことにはものすごい力がある**ことをみなさんには知っていただきたいと考えています。「話す」という行為は「声に出して喋る」ことですから、如何せんアウトプットとして認識されてしまいますが、実際には「話す」ことを成功させるためには、脳内の情報が整理整頓されている必要があります。

私が指導する受験生の方には、必ず「話す」ことを求めます。それにより「自分がどの段階にいるか」を自分自身で気付いてもらうためです。たとえば生徒さんが取り組んでいる参考書について、どのくらいマスターできているか聞けば、私はかなり深い段階まで生徒さんの学習状況を理解することができます。それは単純に生徒さんの話を鵜呑みにしているというわけではなく、これまでの指導経験で膨大な事例を知っているうえで、生徒さんとの付き合いによって、その人の表現の仕方や（言い方は悪いですが）ごまかし方の癖を知っているから、私も予想ができるのです。

しかし、こちらが答えを持っていたとしても「あなたはこうだから（もっと勉強しましょう）」と正論を押し付けていてはなんの解決にもなりません。なぜならその正論に生徒本人の「自覚」がまったく介在しないからです。ですから正論を押し付ける代わりに、その参考書の内容、とくに重要と思われる箇所について説明を求めます。すると、生徒さんも自身の理解・知識が不十分で、どの分野を強化すべきなのかといったことに自ら気付けるわけです。

もちろんこの例は大学受験においてコーチングを利用できるという恵まれた環境の話であることは事実ですが、「話す」という行為に秘められたインプットの可能性や、その行為の重要性については理解いただけると思います。どうしても「読む」「聞く」「書く」という行為は独りよがりになりがちな性質をもっています。

「話す」という行為は自己を客観視できますから、勉強という客観性を求められる領域において使わない手はありません。ぜひ「話す」ことを活用した勉強法をみなさんにも習得していただきたいところです。

なお、本書のターゲットは勉強法ですので、「話す」ことにおける花形である「プレゼンテーション」(おそらくスキルアップという切り口だとこれを想像する方が多いと思います)については多くを語ることはできませんが、少し紹介するつもりです。

LOGICAL LEARNING METHODS 10

勉強法の王道

今回、本書において大学生・社会人の方をターゲットとしたのにはいくつかの理由があります。まず挙げられるのは内容の難易度です。多少難しい話を盛り込んでいるため、年齢層は高校生というよりも大学生・社会人の方がメインになるという事情があります。しかし、多少レベルが高いという程度ですから優秀な高校生にとっては十分理解できる内容ですし、ハイレベルな受験生向けとして方向付けをすることも可能でした。これは今でも間違っていないと考えておりますし、**ぜひ高校生の方も本書の内容を可能な範囲で活用していただければ幸いです。**

2つ目の理由がとても重要なのですが、**「勉強法を通じた成果を実践する場がある」**ということです。ここでの実践とは、試験やテストをパスすることではなく、最終的に身に付けたことを社会で利用するということです。本書の内容は確かに勉強法なのですが、極端に言えば「効率的な情報の扱い方」と言い換えることができ、それはいわば仕事術にもつながってきます。本書の内容を用いて学習し、それを通じて得た情報の扱い方は一生活用することができます。何年も経過すれば知識は薄れてしまうかもしれませんが、知恵はなくなりません。

その意味で、大学生・社会人の方が仕事や研究の場で実践ができると考えて、ターゲットを設定しています。仕事や研究と、あっさり書いてしまうと具体的にどのような場面で活用できるのか不安に感じるかもしれませんが、心配ありません。明日から使える内容がいくらでも盛り込まれているはずです。そして実はこの実践の場が非常に重要であり、もちろん高校生の方でもそのような場を持たれている方がいらっしゃるかもしれませんが、おそらく限りなく少ないでしょう。ただし、それは逆に言えば本書の内容を実践できる高校生がほとんど存在しないことでもあるので、もし食らいついてモノにしてやろうという方は大歓迎ですし、そのチャレンジ精神を心から応援します。そしてその効果が計り知れないものであることもお約束します。

そのようなわけで本書は大学生・社会人の方をメインターゲットに、高校生の方をサブターゲットにしながら執筆しています。忘れないでいただきたいのは、内容を理解するだけでなく身に付けるということです。プロローグでも申しましたが、トンデモなオカルト話は登場せず、多少驚きはあるかもしれませんが、勉強法の王道を解説します。そのノウハウをぜひ会得していただければ幸いです。

column ① 1対1暗記術

勉強において暗記からはなかなか逃れることはできません。とくに試験にまつわる勉強の場合、100%といっても過言ではないほど暗記という要素が勉強の中に入り込みます。その際にただ教材を眺めているだけでは効率的ではありません。

暗記力が優れていてすぐに覚えることができてしまうような人を除いた時、通常人は「繰り返すこと」によって記憶を定着させます。私たちが見たもの、聞いたものは一度脳に格納されますが、すべてのデータを保持していると混乱してしまうので重要ではないものを捨てています。勉強においては「繰り返す」ことによって、これを阻止し「重要である」と脳に認識させるわけです。

同様に、ただ繰り返すだけではなく「思い浮かべる」（想起する）ことも重要です。情報の羅列（≒文字）が目の前を流れていくだけよりも、思い返そうと努力する瞬間があった方が、より記憶は定着します。

これらに基づくと「なるべく思い出しながらたくさん繰り返す」のがいい、ということになります。**具体的には1つの項目の制限時間を1〜2秒に制限し、その中で思い出す→答えを確認するという手順を踏む**わけです。とはいえ、いきなりなにもない無知の状態から思い出すことはできませんから、最初は何度か音読をするとか、（声が出せない場所では）黙読するという手法をとります。

この暗記法はあくまで断片的な知識の習得に役立ちます。大学受験でいえば、英単語や古文単語のように基本的に1対1の知識を詰め込んでいく際には有効です。また試行回数を増やすことに重点を置いているので、1項目の情報量が多いものや情報の中にストーリーなどの構造が食い込まれているものには不向きです。それらの対策は次回のコラムで扱いましょう。

第2章

ロジカルに「読む」

LOGICAL LEARNING METHODS 01

「読む」ことが、すべての始まり

いよいよこれから実際の勉強法の話に入っていきますが、４技能の「読む」「聞く」「書く」「話す」のうち、最初に取り組むべきことは「読む」力を高めることです。なにかを学ぶ際に、いきなりアウトプットするというのは基本的には不可能であり、ひとまずはインプットから入る必要がありますから、「読む」か「聞く」ということが勉強のスタートになるのは自明のことです。

昨今ではありとあらゆる情報が書籍やインターネット上の文章として公開されており、なにをするにせよ、「読む」という行為は学習のスタートとしてコスト的・心理的に接しやすいものとなっています。他人からなにかを教えてもらう行為、本書における「聞く」という行為は、言うまでもなく4技能のひとつであり重要なことには違いありませんが、学習を始める際のハードルは若干高くなってしまうのが事実です。

たとえばみなさんがこれから英語学習を始めてみようという時に、いきなりオンライン英会話の講座に申し込んで外国人のレッスンを受けたり、英語塾に申し込んで週に1回授業を受け始めたりするよりも、インターネットのウェブサイトでまとめられた英語の表現を眺めてみたり、本屋に売っている参考書を買って読んでみたりする方が圧倒的に取り組みやすいでしょう。

もちろんある程度学習が進んでいる場合や、身近に教えてくれる人物がいる場合などは「聞く」ことから入るケースが有効な場合もあります(そのあたりは第3章で触れます)が、その場合でもなんらかの教材を利用したり、まとめられた情報を閲覧することは避けられないわけで、やはりすべての学習の根源に「読む」という行為が存在しているといっても過言ではありません。

では、実際に読んで勉強する際のポイントはなんでしょうか?

この質問をすると、多くの方は「正確に読む」とか「情報を漏らさず読む」などと答えるケースが大半です。当然これらの読み方が間違っているわけではなく、よい心がけであることは事実なのですが、もっと根本的に重要なことがあります。それは一言でいえば**「構造的に読む」**ということです。本書風に言えば「ロジカルに読む」と考えても差し支えありません。

本書で私がこのように書いている文章もそうですし、新聞、ニュースメディア、ブログなど、一定の整理のもとに書かれた文章には「構造」が存在します。その文章に存在する構造を捉えながら、すなわち情報を整理しながら理解する、というのが構造的に読むということです。

そして構造的に読んでいくことに成功した結果、「正確に」「重要な情報を漏らさずに」読めるのであり、正確に読むとか情報を漏らさないといったことは読む際のポイント（プロセス・原因）なのではなく、結果であると言えます。野球のバッターにとって「ボールを遠くに飛ばす」ことは結果であり、そこに至るためのプロセスが「こういう風にバットを振る（フォーム）」「タイミングをとる」「上手く振るために肉体を鍛える」といったことになるのと同じです。

もちろん世の中に存在するあらゆる文章が、まったく同じルール、表現の技法を用いて記述されているわけではありません。私たちが普段何気なく書いている文章の構造をいちいち細かく推敲しながら書くとは限らないように、そして人それぞれ書き方の「癖」が存在するように、表現の方法は多様です。そしてもっと言ってしまえば、構造的に欠陥のある文章も多々存在するわけです。ですから、時にはみなさん自身が構造を補いながら「読む」ことも必要になります。

LOGICAL LEARNING METHODS 02

安易な音読から構造的理解へ

巷において「読む」ことをテーマにした勉強法はいくつも紹介されていますが、その中でも近年有力なのが**「音読」**という手法です。私が受験業界に携わっていることもあり、英語学習における音読の重要性はだいぶ前から説かれていましたが、英語にかかわらず音読の有効性は広く知られるところとなりました。今では音読をメインテーマとした著作も多数見受けられますし、みなさんも目にしたことが少なからずあることでしょう。

私自身、大学生の頃にTOEICの学習をしており音読の重要性は身に染みて理解しています。私はTOEICのリスニングを苦手としていたので、公式問題集の音源を（今はほとんど見かけない）音楽プレイヤーに入れて聞きながら、毎日何十回、何百回と音読していました。

しかし音読には意外な落とし穴が存在していることをご存じでしょうか？　一般的に「読む」という行為には、文字通り読むということだけでなく「理解する」という要素も含まれます。

ＴＯＥＩＣのリスニングのように「読めてしまえば理解は難しくないもの」や「暗記するための文章」であれば効果は大きいと言えますが、「そもそも文法的にこの文章はどのように成り立っているかといった解説」のように、ただ情報を頭に入れるだけではなく、読んだうえで理解が求められるようなものにはマッチしません。

もう少し具体的に説明すると、学習は一般的に**「概論（大きな流れ）」→「ルール・法則」→「基礎知識」→「実践・活用」→「例外・応用」という流れで構成**されています。ものによってはテーマが大きすぎて概論なしでルールから入る場合もありますし、基礎知識とルールを行ったり来たりする場合もあります。ですが、概ねこの流れで進んでいくわけです。その中で基礎知識の習得や実戦練習をするケースであれば、情報を頭の中に入れる手法として音読は有効ですが、**そもそものルールを理解するためには音読というよりも、より「理解」に重点を置いた読み方が求められるわけです。**

そして「理解」に重点を置いた読み方が、ロジカルな、構造的な読み方なのです。第1章でも触れましたが、ロジカルな状態とは「順序（プロセス）」及び「分解」という方法を用いることで、「多くの人に理解してもらえる」状態です。すなわち、ロジカルな読み方とは、順序立てや分解という方法（厳密にはもう少し細かい話もあり、後々触れていきます）を用いながら読むことで、無理なく理解できる読み方であると言い換えることができます。

ですから、音読を否定するわけではありませんが「読む＝音読」というあまりにも安直な思考回路はいったん捨てて、おそらくまだ多くの方が慣れ親しんでいない**「ロジカルに、構造的に読む」ことに、優先的に取り組んでいただきたいです。**なお、一部の方からすればロジカルな音読は存在しないのかという疑問が発生しそうですが、これは存在します。ロジカルな読み方を会得しており、スピーディーにこれをこなすことができる人であれば、声に出して読んでいようが、黙読をしてようが関係ありません。その人にとってはどちらもロジカルな読み方を実践できているわけです。この段階まで「読む力」を高めることを目標にするのも、勉強法習得の醍醐味かもしれません。

LOGICAL LEARNING METHODS 03

速読は幻想である

音読と同様に読むことをテーマにした話題として、頻繁に取り上げられるのが「速読」です。最近は多少落ち着いてきたような雰囲気もありますが、一時期はブームと呼べるようなレベルで速読があらゆるところで取り上げられていました。

メディアで速読をテーマにした話を見る機会は減ったかもしれませんが、それでも多くの方の頭の中にあるのは「頭がよい人は読むスピードが速い」という幻想です。幻想、といってしまうと「ああ、これから反論が始まるのだろうな」と予測されてしまいますが、その通りです。頭の良し悪しにはいろいろな定義がありますし、それを議論する場ではないので、その点は抽象的な共通理解に留めておきます。しかし「読むスピードが速い」人にはいくつかのタイプがあります。

まず一番多いパターンは、「理解度が低い読解」です。わかりやすく言い換えれば、読むスピードは速いけれど、全然理解していないというケースです。時間に追われて文章を読んで（問題を解いて）いる高校生の方とか、資格試験に取り組んでいる方に多い類型です。試験・テストの類においては文章のすべてを理解していなくても、与えられた問題には正解できるという場面が多々あります。みなさんも一度ならず何度も経験されたことがあると思います。そうすると、粗い読み方でも時間に間に合えばよいということで、普段からスピーディーに、しかし理解度は低く読んでしまう癖が身に付いています。これは意外と大人になっても抜けない癖となり、普段から文章を読む時に粗くしか読めないということになりかねない（残念ながらそういう方に何度もお会いしてきました）ので、絶対に真似したくない習慣です。

次に来るのが「知っているから読むのが速い」というパターンです。これも明確に存在するケースです。知識を持っていることで理解する時間を短縮できるため、結果的に読むのが速いということです。たとえば、小説（物語）をみなさんが読む際に、何度か学校で読んだことがある（言い換えれば記憶にある）ものを読むのと、全然知らないものを読むのでは、読むのに要する時間は大きく異なるでしょう。知っている小説であれば「次はこう来るな」とか「この場面はあそこにつながるぞ」ということを知っているので、（意図的に、楽しみながらゆっくり読まない限りは）素早く読了できるわけです。

最後のケースは「構造的に情報を整理しながら読んでいる」パターンです。このように書けばこれが正解の速読だということになりますが、事は単純ではありません。通常、構造的に情報を整理するためには頭のよい人であってもプラスアルファの時間がかかります。もちろん慣れ・不慣れの問題はありますが、慣れているからといって時間が限りなくゼロに近づくことはありません。構造的に読むためにはなんらかの余分な時間がかかるはずなのです。

ではなぜそれでも速く読めるのかといえば、情報を整理したうえで取捨選択を適宜行っているからです。文章を読む際に目的を設定し、目的や筆者の主張に対して必要のない（必要度の低い）情報は理解を深めずに放置しながら読んでいくわけです。もちろん、情報をただポイ捨てしているわけではなく整理をしているので、必要があれば後から引き出しを開けるように、文章を読み直すことができます。その点でただ粗く読んでいる「理解度が低い」パターンとは異なるのです。

ここまでくるとお気付きの方もいるでしょうが、学習のスタートにおいて速読は必要ありません。初学者のころに出てくる情報の多くは必要情報であり、「整理をしながら読む」ことは大切でも「情報を捨てながら読む」ことは必要ではありません。その意味で、**時間をかけても構わないので、「丁寧な読解」を心がけていただきたいのです。**

LOGICAL LEARNING METHODS 04

筆者の主張――メッセージの存在

第1章でも言及しましたが、実際に「読む」際には2つの形式に対応する必要があります。ひとつは文章の形式であり、もうひとつが図表の形式です。根本的にはいずれの場合にせよ、「構造を捉える」という意味においては同じ目標を設定して読み進めるわけですが、具体的な方法論が異なります。最初に文章を読む場合の方法論を解説していきましょう。

まず文章を読む際に重要なのが、「メッセージ」の有無です。メッセージとは筆者の主張、結論（あくまで主張であり、その内容が正しいか、間違っているかという観点とは別物）です。ここではメッセージと呼んでいますが、呼び方はなんでも構いません。このメッセージが、みなさんが勉強する教材に直接的に含まれているのかをあらかじめ判断しなければなりません。具体的にメッセージとはなにか？　という定義は後ほど行いますので、まずは以下の2つの例文を見てみましょう。あえて極端な例を示していますが、それぞれに筆者の主張が含まれているかどうか、十分に感じ取れると思います。

筆者の主張（メッセージ）が含まれている例

「東大文系を受験するなら、なんといっても英語が重要だ。英語を極めれば合格も見えてくる。文系なら国語や数学、社会科目も受験するが、これらは後回しでも構わない。」

↓「英語が重要だ」とか「合格も見えてくる」「後回しでも構わない」というあたりに、書いた人間の主張が感じられると思います（補足しておくと、東大は英語だけの勉強では合格できません）。

筆者の主張（メッセージ）が含まれていない例

「東大文系を受験する場合、2次試験の科目は英語、数学、国語、社会（日本史・地理・世界史から2科目）である。2次試験の合計点は440点であり、英語、国語、社会が120点ずつ、数学が80点という配点である。」

↓決して間違っている文章ではありませんが、筆者の主張は見当たりません。試験科目や配点といった「データ」（情報）を羅列した文章です。

簡単な例に目を通していただいたうえで、もう少しみなさんの体験に基づいて話を進めましょう。たとえばみなさんも一度は手にしたことのある歴史の教科書。バリエーションはさまざまですが、これは文章で書かれていながらも筆者の直接的なメッセージは含まれていません。もちろん、「思い」として込められた願いや感情は背景にあるかもしれませんが、書かれた文章の中に直接的な主張が含まれているかという視点で語るならば、歴史の教科書は、純粋なメッセージが含まれていない文章、すなわち情報が羅列されたものであると判断できます。

文章の中にメッセージが含まれてないことは頻繁にあり、それは必ずしも悪いことではありません。論説文のように筆者の主張が重要な文章においてメッセージがないというのは考えものですが、勉強の教材においては客観的な情報を羅列したものが中心になるのは当然です。逆に「普通はこれが正解だが実は嘘だ！　俺はこれが正解だと思う！」みたいな、あまりにも筆者の意見が入りすぎている教材は困るわけです。勉強している人からすれば「正解を教えてほしい！」となってしまいますから。

ですから、情報が並べられているだけの文章であれば、メッセージに気をとられず、羅列された情報をしっかりと構造で捉え直す作業を行っていくわけです。実際に「どうやって構造で捉えるか」についてはこの後、具体的な解説を行います。

一方、私たちが勉強する時にメッセージが含まれていない文章ばかりで勉強するのかといえばそうではなく、メッセージが含まれる文章で勉強するケースも多々あります。

先ほどと同じ歴史の例で考えてみましょう。中学校や高校で使うような教科書は、前述の通り事実の羅列が多いのですが、学問の最先端や研究といったレベルの文章になれば、単純な事実の羅列ではなく、「事実に基づいて、どのようなことが言えるのか」という、主張が入り込んでくる可能性が高くなります。

たとえば「史料として、こういったものがあるから、実はこの時代はこのように人々は生活していたと予想できる」「この土器の材料や製法から、△△時代のものだと推察される」といったように、事実だけで語られるのではなく、筆者の主張が大いに入り込んできます。

一般的な傾向としては入試や資格試験、テストに向けた勉強においては、やはり「客観的な正解」が求められるがゆえに、そこで勉強する際の教材も情報の整理が主目的となっているケースが多いです。一方、それが学問のレベル（何級とか何点で表現できない段階）に到達する場合、筆者の主張こそ重要になる場面が多いです。

LOGICAL LEARNING METHODS
05

筆者の主張──メッセージとはなにか？

先ほど保留にしていただいたメッセージの定義について説明をしていきましょう。ちなみに、メッセージの登場頻度が低い分野を中心に学習をする方にとっては、あまり関係のないテーマに思えるかもしれませんが、今後生きていくうえで必ず参考になる場面があるのでぜひ理解して、身に付けてください。

メッセージを説明する場合、「メッセージでないもの」と比較するのがわかりやすいので、まずはこちらの文を読んでみてください。

A-1．今日の気温は30℃だ。
A-2．今日は暑い。

両方とも似たようなことを述べているように感じられるかもしれませんが、そうではありません。「気温が30℃だ」というのは、事実であり、データです。30℃であると決まってしまえば、そこに反論の余地はありません。つまり**「客観的な情報」**であるということです。一方「暑い」のは事実とは限りません。気温によって暑いと感じる人もいれば、適温だと感じる人もいるでしょう。つまり「暑い」というのはこれを述べた人間の考えであり、**「主観的な情報」**だといえます。

ここまで書けばもうお気付きだと思いますが、**メッセージとは「主観的な情報」**であり、そうでない**「客観的な情報」を事実、データ、ファクトなどと呼ぶ**わけです。理解を深めるためにもう1つ例を見てみます。

B-1. 私は毎日朝食を食べている。
B-2. 私は毎日朝食を食べるべきだ。

「食べている」というのは客観的な情報であり事実です。そこに筆者の主観は介在しておらず、メッセージではありません。一方で「食べるべきだ」というのは主観的な情報です。普段朝食を食べているか、食べていないかという事実は置いておいて、「食べるべき」という主観的な情報、つまりメッセージを記述しています。

図2　主観性ワード、客観性ワード

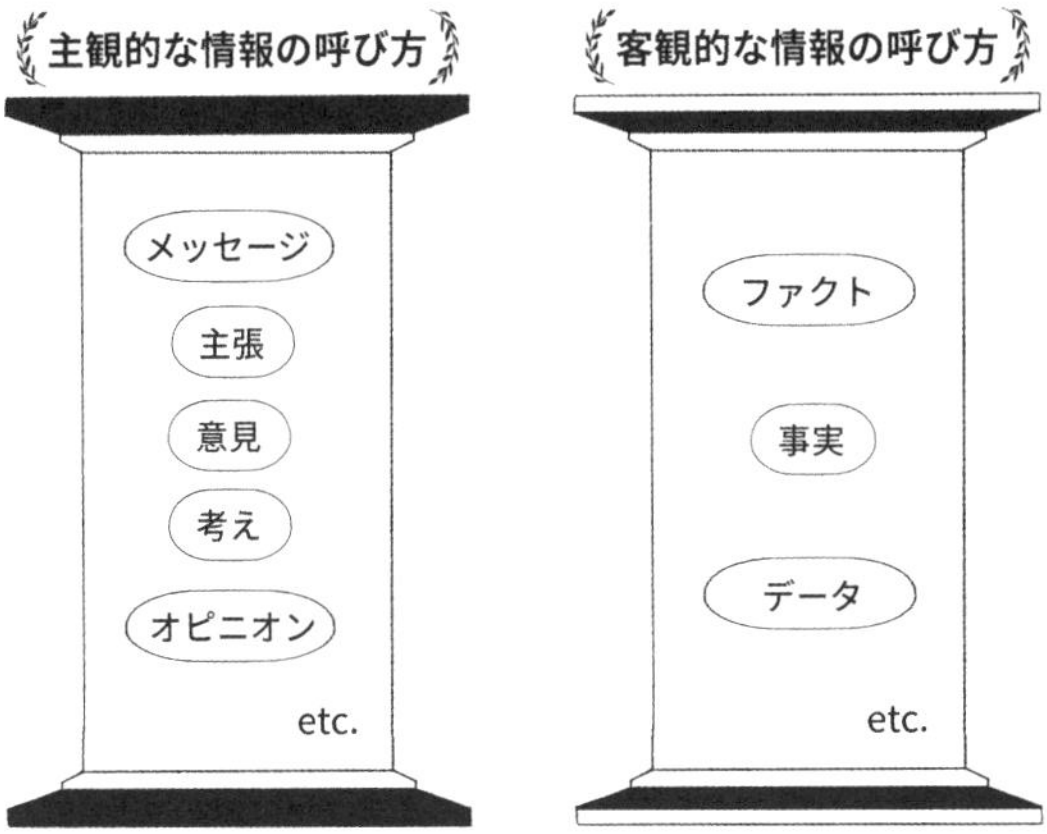

以上の通り、**メッセージと事実の違いは、「主観性と客観性」である**と理解できたと思います。ちなみにメッセージや事実はさまざまな呼び方があります。たとえば「事実」は、私がやっていたディベートや、私が以前勤めていたコンサル業界風にカッコつけて呼ぶなら「ファクト（fact）」と呼ぶこともできます。メッセージやファクトという表現は、英語を使っているだけなのでカッコイイわけではないのですが、普段の日常生活でも「主張」や「事実」という言葉を使うので、ある種カタカナ言葉にしてしまった方がわかりやすいという背景もあります。せっかくなので、こういった言葉を図にまとめておきましょう。→**図2**

LOGICAL LEARNING METHODS 06

筆者の主張──メッセージを捉える

メッセージと事実について理解いただいたうえで、問題になるのは**実際の文章の中でメッセージと事実をどのように区別するのか**ということです。この質問を投げかけると多くの人は「文脈で判断する」と答えます。確かに文脈という言葉はある種万能なので正解なような気もしますが、もっと明確にメッセージを判断できる「形」が存在します。少し例を見てみましょう。C～Fの文章はそれぞれメッセージと事実のどちらでしょうか？

C. 君のお兄さんはとても賢いね。
D. 昨日は5冊の本を読んだ。
E. 遅刻しないように、早めに出発するべきだ。
F. ここ1週間の平均気温は23℃だ。

答えはCとEがメッセージ、DとFが事実です。先ほども似たような文を見ていただきましたし、このくらいの簡単な文章だと感覚的に判断できることが多いです。しかし、実はみなさんが知らず知らずのうちに判断しているメッセージの「形」、すなわち判断要素が存在しているのです。

前述の通り**メッセージとは主観的なもの**であり、「良い」「悪い」「大きい」「小さい」といった主観的な表現が必要です。同様に、主観的な表現をするならば「できる」「すべきだ」「しなければならない」という表現（感覚的には英語の助動詞です）や、「考える」「思う」という表現が盛り込まれていることもあります。例を挙げておきましょう。

G．あのお店はとても広い。↓「広い」が主観的表現です。
H．彼女はきっとあの山を登ることができる。↓「きっと〜できる」が主観的表現です。
I．私は健康に配慮することが正解だと考えている。↓「考えている」が主観的表現です。

ただし、「考えている」や「思う」という言葉は、主張の意図なく用いる書き手も存在します。小学生のころ、作文の文末がほとんど「〜だと思います。」になってしまったケースを見たことがある方もいるでしょう。その点は注意が必要で、「考えている」や「思う」という言葉が存在するからといって、メッセージであると即断しない方がよいでしょう。

一方、事実を示すのはそこまで難しくありません。客観的な表現を心がけていれば事実となります。まず、**「過去の事象・記録」は変えることができないので事実です。**「昨日雨が降った」とか「私は水を飲んだ」という例がわかりやすいでしょう。同様に、**絶対的なデータ（とくに数値）**も、主観性の入る要素がないので、事実であると言えます。「今日の出席者は10人だ」や「普段通勤に1時間かかる」といった具合です。また、**疑問文や否定文も基本的には事実扱いです。**これらの理解を深めるためにもう少し例を見てみましょう。

J．昨日彼に対してあのような発言をしたのは非常に愚かだった。

↓「愚か」という主観的表現がありますが、「だった」とあるようにこれは過去のことなので事実扱いとなります。

その文章全体が常に過去形の場合は、文章全体が同じ時系列にあるので過去形でもメッセージになる可能性もあります（たとえば歴史上の人物に関する議論をしている場合や、過去の芸術作品を論じるなど）が、このケースはあくまで例外であり、通常は現在形の文章の中に、過去の事例・データとして過去形の文章を差し込みます。よって多くの場合は**過去の事象は事実扱い**となります。

K．明日の降水確率は100%だ。
↓100%というデータを用いて書かれているので、事実であるとわかります。

L．なぜ彼女は「彼ならきっと登頂できる」と思っているのだろう？
↓これも「できる」という主観的表現が含まれていますが、疑問文なので事実扱いです。

疑問文は、残念ながらそれだけでは情報が不完全です。たとえば「今何時ですか？」→「10時30分です」のように、質問と回答が揃って初めて情報が完成します。そのため、疑問文自体は「なにかを疑問に思っている」という事実を表しているに過ぎません。ただし、疑問に合致する「答え」の文がメッセージである可能性はありますので注意しましょう。

M．このままでは、約束の時間に集合場所にたどり着くことができない。
↓こちらも先ほどと同じ「できる」という主観的表現が含まれていますが、否定文で表現されていますので事実扱いです。

否定文は文字通り「〜ではない」という否定的な状態を示していますが、否定をする以上肯定的な要素がその前後にあるはずです。この例でも、「このままでは約束に間に合わない」から、「走らなければいけない」とか「タクシーで行く」といった結論があるはずで、否定する状態自体はあくまで事実であり、メッセージにはなりません。ただし、否定文でも二重否定で「〜せざるをえない」のような、肯定文に近い表現もあるので注意が必要です。

ここまで解説すると、みなさんの中に新しい発見があったはずです。それは**「主観的表現があっても、客観的表現と重なると上書きされてしまう可能性がある」**ということです。先ほどのJ、L、Mの例を再度見ていただければわかる通り、主観的表現が存在していても、そこに被さるように否定や疑問、過去の表現を用いると、それは事実に変貌してしまうのです。

言い換えれば、**メッセージを成立させるためには、「事実となる条件に該当せず」かつ「メッセージとなる条件を満たす」**ことが必要なのです。

そして最後に重要な補足をして、これまでのまとめを行います。重要な補足とは、**「文は自由に分離・結合できる」**ということです。たとえば「今まで気付かなかったけれど、君は背が高いね。」という文は、2つの文が結合して成立しています。これは「今まで気付かなかった。けれど君は背が高いね。」という2つの文に分離することができます。逆にもともと分離している文を結合することもできます。おそらく本書を読んでいる方の大半が日本語を母語としていると思いますので、この作業はストレスなく、無限にできると思います。ただし、あまりに文を分離しすぎれば流れが悪くなりますし、あまりに文を結合しすぎればわかりにくくなりますので、普段は適度なバランスを無意識にとりながら、文を構成しているはずです。

さて、この2つ（以上）の文が1つの文の中に存在している状態を、日本語教育における文法で「複文」と呼びます。その中で中心的な要素の方を「主節」といい、それ以外を「従属節」といいます。従属節はなくても成り立ちますが、主節がなければ成り立たないと考えていただければ結構です。よって、この場合は「君は背が高いね」が主節であり、「今まで気付かなかったけれど」が従属節です。

なぜこのような面倒な説明をしたのかというと、メッセージを成立させるために「事実となる条件に該当せず」かつ「メッセージとなる条件を満たす」状態を、**「主節」の中で成立させる必要がある**からです。例を見ましょう。

N．今日はとても寒いが、暖房の効いた屋内にいれば問題ない。
↓この文章の主節は「暖房の効いた屋内にいれば問題ない」です。従属節には「寒い」という主観的な表現がありますが、主節には「問題ない」という否定文ですので、事実です。

O．明日の気温は30℃らしいので、屋外の野球観戦は非常に暑そうだ。
↓従属節に「30℃」というデータが含まれていますが、文章の主節「屋外の野球観戦は非常に暑そうだ」には「暑そうだ」という主観的な表現が入っているのでメッセージだとわかります。

P．「今すぐにこの業務の改善を図るのは不可能だ」という彼の主張は、大変的確な指摘だ。
↓従属節は鉤括弧「〜不可能だ」であり、主節は「彼の主張は、大変的確な指摘だ」です。鉤括弧の中は「不可能だ」となっており否定文ですが、主節には「大変的確な指摘だ」という主観的な表現が含まれています。かつ、主節には事実となる条件に該当する要素もないので、メッセージであると判別できます。

以上が、メッセージの区別の方法です。このように、実際にはありとあらゆる形でメッセージと事実が混在したものが文として登場します。「どれがメッセージかわからない！」と混乱してしまう人もいるかもしれませんが、安心してください。ゆっくり練習して、身に付ければ十分です。

なお、いきなりこんな難しい話をされてしまい、不安に感じている方へお得情報をお伝えしましょう。それは**「メッセージの数は多くない」**ということです。普段の会話ならともかく、難し

図3　メッセージが成立するためには？

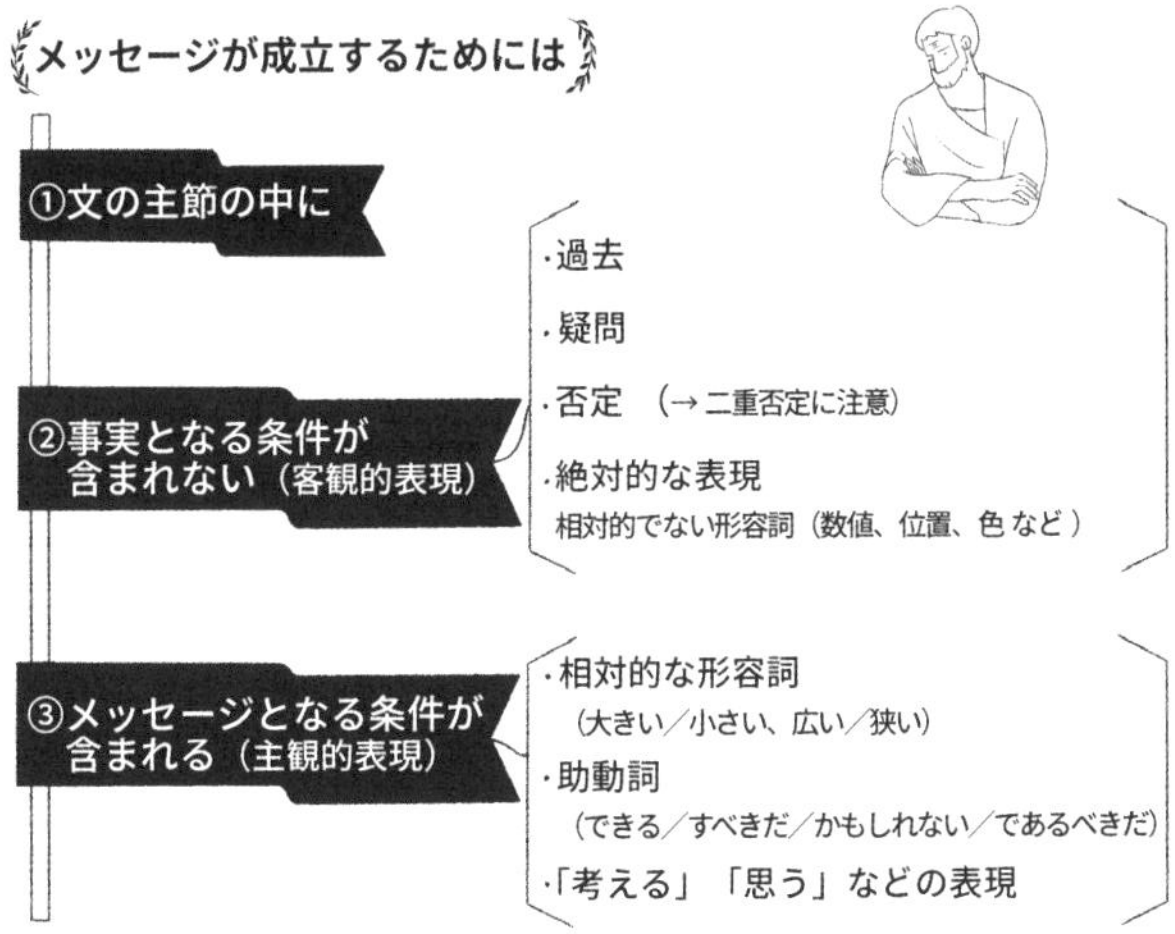

いテーマにおいて主張を立証するには、多くの事実が必要です。たくさんの事実を重ねて、主張をする土台を固めなければいけません。かつ、筆者からすれば注目してほしい内容であるメッセージがこっそり隠されるということはなく、それこそ堂々と、ドカンと書いてあるのです。ですから上記**図3**の法則を気にしながら読んでいくだけでも、メッセージを見落としてしまうというケースは格段に減ることでしょう。

既に説明した通り、メッセージはその文章における筆者の主張ですから、**メッセージを捉えることができれば、その文章の要旨を把握するスピードが格段に速くなります。**もちろん「飛ばし読みをしてよい」ということにはなりませんが、「要はこの文章はなにが言いたいのか？」という問いに対して短時間で的確に答えることができます。

一方、このように述べると「事実は重要ではない」と思われがちですが、そうではありません。どの事実がどのメッセージを支えているのか、もしくはそのメッセージを成立させるためにどのような事実を用意しているのか、さらに事実がいくつの要素に分解されるのかを把握することで、情報を正確に、そして素早く整理することが可能です。むしろこの情報の整理（事実の正確な把握）こそ、次のパートのテーマである「ロジックの把握」において、大変重要なカギとなるのです。

LOGICAL LEARNING METHODS 07

ストーリーロジックを捉える

先ほどはメッセージという少し難しい概念にチャレンジしていただきましたが、メッセージの有無にかかわらず「読む」手法として欠かせないことが「構造的に読む」ということです。文章の構造を捉えることで、情報を整理することができますし、場合によっては結論・主張部分であるメッセージが浮き彫りになることもあります。言い換えれば、「ロジカルに読む」ことの一番重要な部分は文章の構造を捉えることであるといっても過言ではありません。

構造を捉えることは、つまり順序（ストーリーロジック）や分解（ストラクチャーロジック）に注目して読むことであると、既に何度か述べています。これに準じて、まずはストーリーロジックを解説します。

ストーリーロジックはプロセス図のようなイメージで捉えることができれば合格です。必ずしも単純な一方向になるとは限らず、分岐があるケースや、同じタイミングで2つの要素が登場す

図4　ストーリーロジックの種類

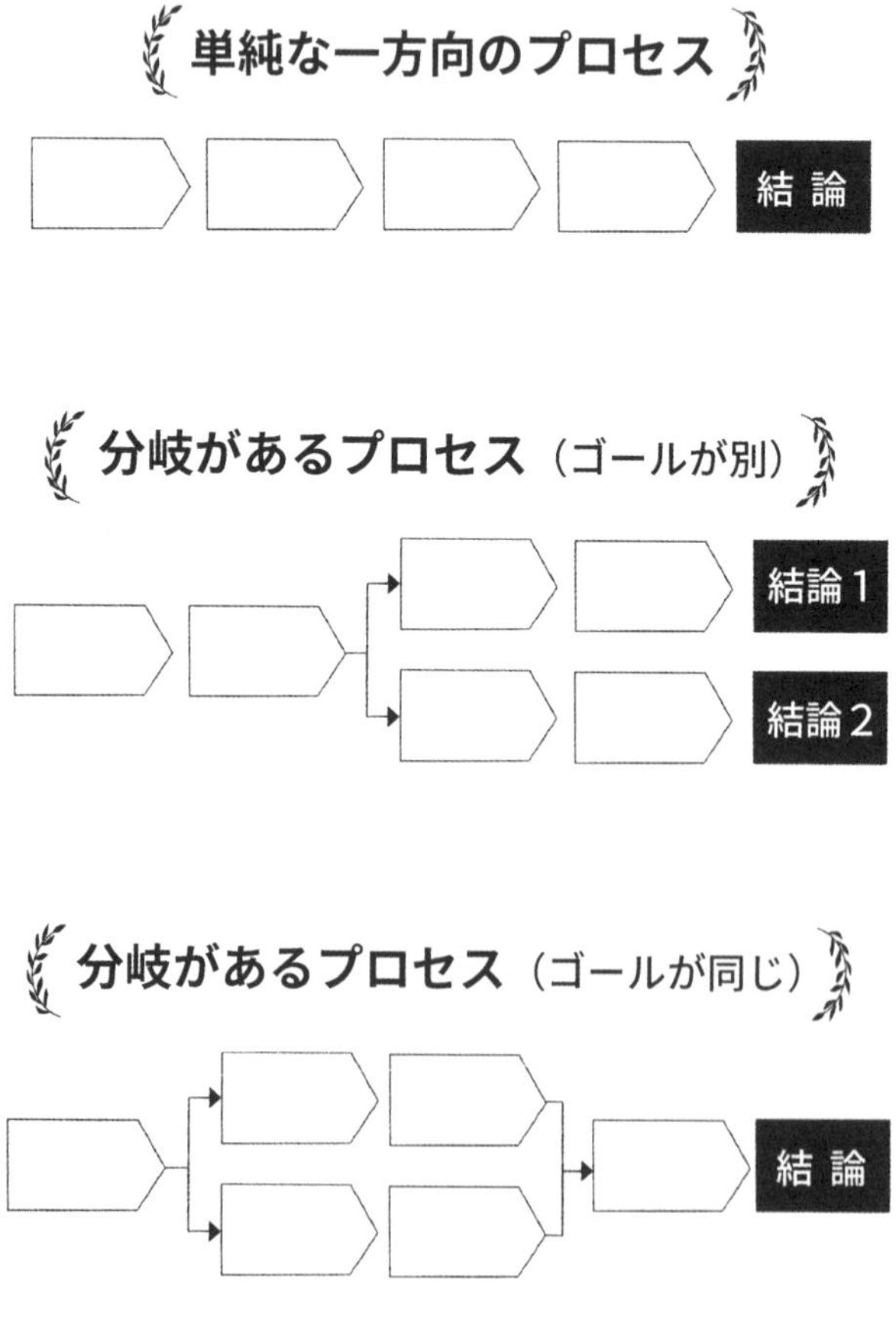

図5　A.手順（料理）

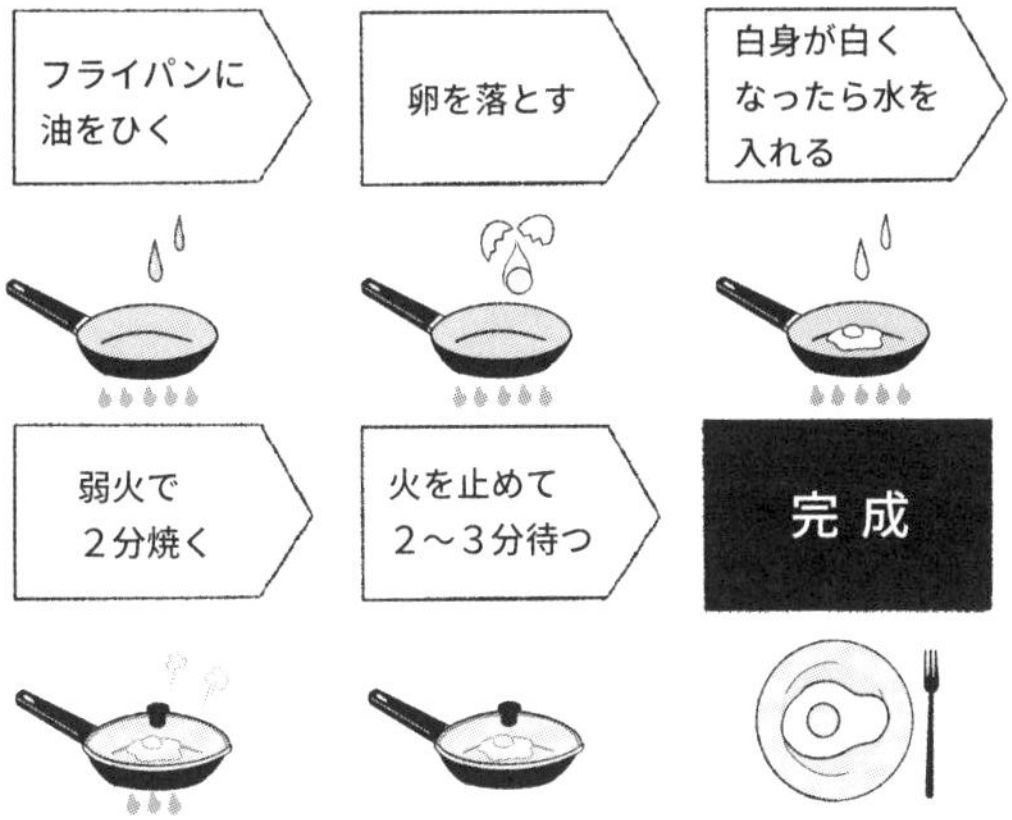
フライパンに
油をひく
卵を落とす
白身が白く
なったら水を
入れる
弱火で
2分焼く
火を止めて
2〜3分待つ
完成

るケースもあります。↓図4

ストーリーロジックが使われる場面は、説明の方法として「手順」「時系列」「因果関係」が用いられる時です。少し例を見てみましょう。

A．手順（料理）↓図5

まずフライパンの上に油をひき、次に卵を落とします。白身が白くなったら水を入れてふたをします。弱火で2分焼き、火を止めてそのまま2〜3分待ちます。これで目玉焼きが完成します。

B．時系列（今日の出来事）↓図6（P78）

今日の朝会社に出勤したところ、急ぎクライアント先に向かうことになった。タクシーを利用したが渋滞でアポの時間に遅れてしまった。そのまま外回りの営業に出かけたが、思うように成果は出ず、帰社した頃には18時を回っていた。

図6　B. 時系列（今日の出来事）

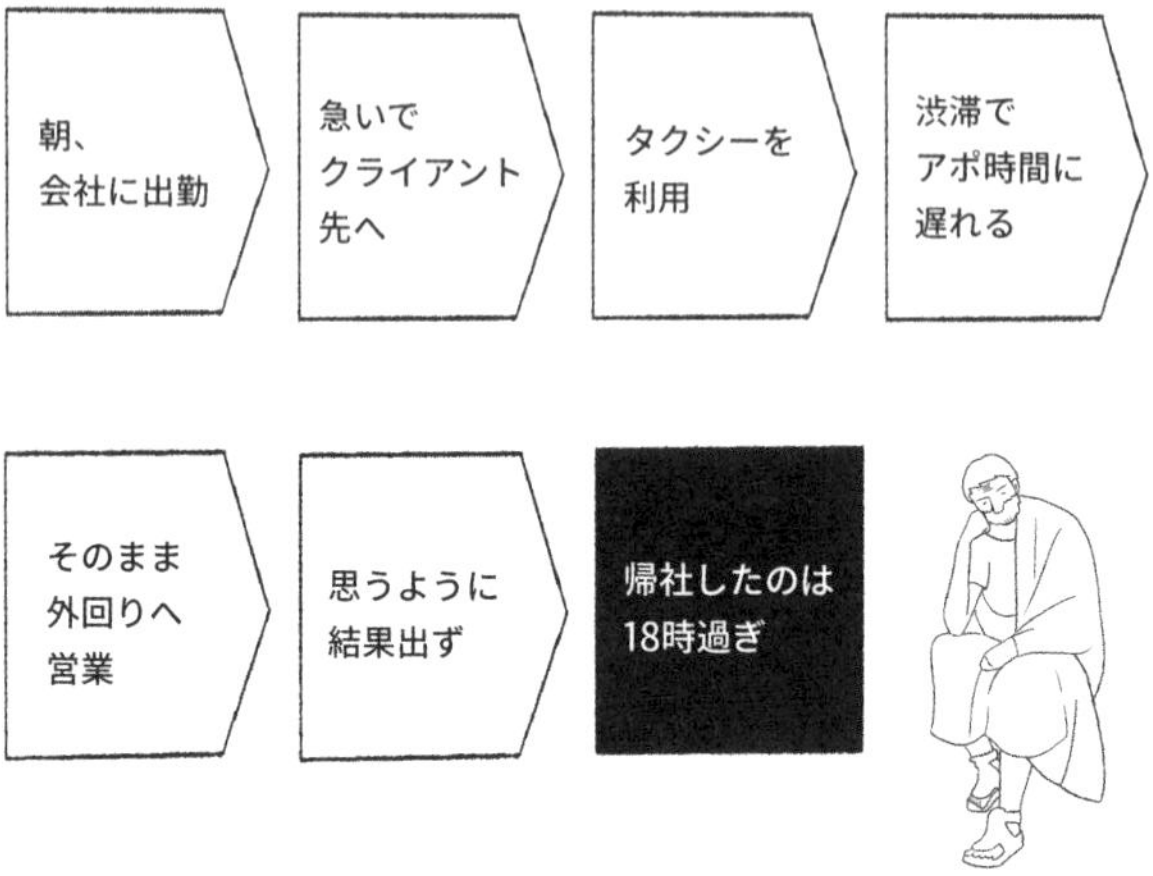
朝、
会社に出勤
急いで
クライアント
先へ
タクシーを
利用
渋滞で
アポ時間に
遅れる
そのまま
外回りへ
営業
思うように
結果出ず
帰社したのは
18時過ぎ

図7　C. 因果関係（旅行）

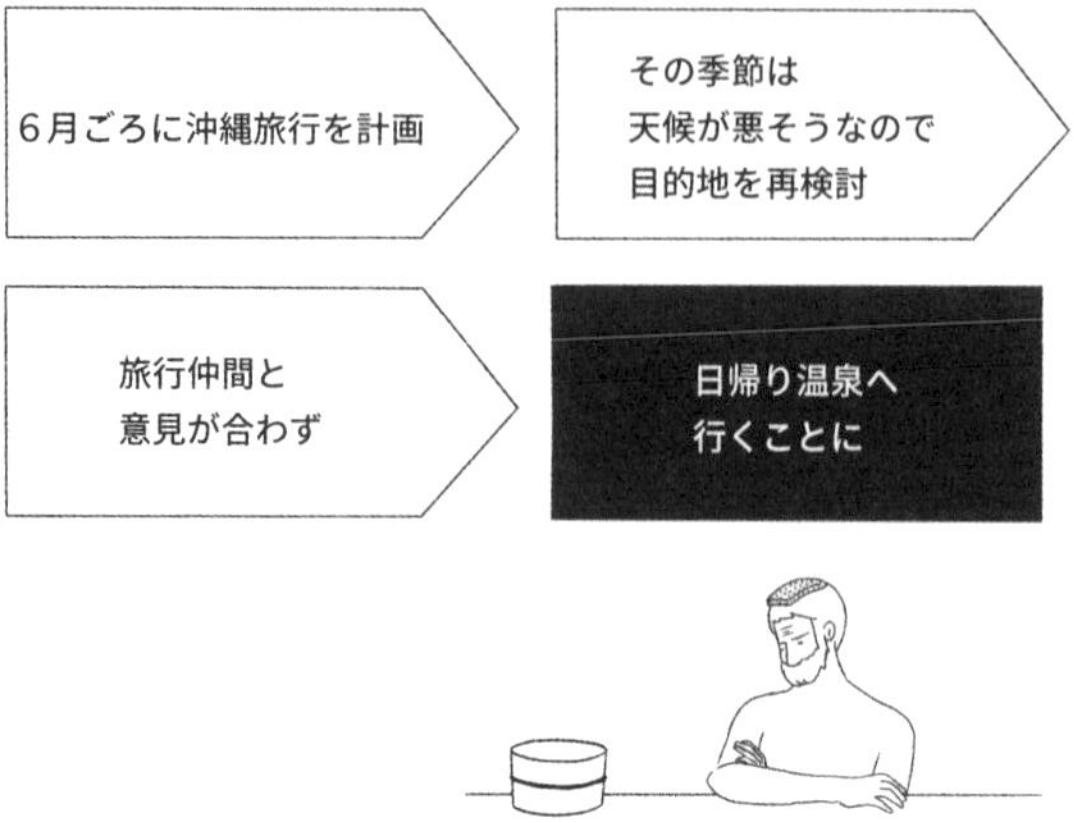
6月ごろに沖縄旅行を計画
その季節は
天候が悪そうなので
目的地を再検討
旅行仲間と
意見が合わず
日帰り温泉へ
行くことに

C．因果関係（旅行）↓図7

もともと6月の頭に沖縄旅行を計画していたが、知人の話でその時期は天候がすぐれないケースが多いということで、旅行仲間と目的地を再検討した。最終的に意見が合わず、なぜか日帰り温泉に行くことになってしまった。

ご覧いただいてわかるように、手順、時系列、因果関係それぞれでストーリー型のロジックを形成しています。注意点としては、**手順、時系列、因果関係というのは明確に別のものではなく、相当類似している**ということです。いくつか混ざって1つのストーリーを形成することもありますし、厳密に手順か時系列か区別できないという場面も存在します。ですから重要なのは、ストーリーの骨格を見抜くことであり、それが手順、時系列、因果関係かという厳密な分類ではありません。

同様に注意すべきことは、**プロセスを構成する際に同程度の大きさに分割してあげること**です。たとえば先ほどのAの事例ですが、アンバランスに書くと80ページの図8になります。**↓図8**

これらに注意することで、ストーリーロジックを把握するのはそこまで難しいことではありません。しかし問題があるケースとして挙げられるのは、書き手自身が順序を混同して記載してい

図8　整理できていないストーリーロジック（A. 料理の例）

フライパンに油をひいて卵を落とし、白身が白くなったら水を入れ、弱火で2分焼く
火を止めて2～3分待つ
完成

る場面がしばしばあることです。たとえば下記の事例をご覧ください。

D．買い物→図9

私は母親に頼まれて、八百屋に買い物に行った。八百屋では、ニンジンと玉ねぎ、ピーマンを購入した。八百屋への道中母親から電話があり、肉屋で肉を買ってきてほしいと頼まれていたので、いつもの肉屋に向かったが本日はお休みだった。仕方がないので、駅から電車で1駅移動した商店街にあるスーパーへ行き、牛肉500gを購入した。帰り道に父親が車で拾ってくれたので思ったより早く家に帰ることができたが、帰宅が遅くなることは母親にメールしていた。

いかがでしょうか。ストーリーで捉える意識を持つことができている方からすれば、ぐちゃぐちゃで読みづらいでしょう。なぜきちんと時系列通り書かないのかと、怒り出す人もいるかもしれません。しかし、世の中の文章は整理されないまま書かれているものもたくさん存在します。こういった絡まり合った情報を整理してあげるのが「構造的に読む」ことなのです。

ちなみに、これをストーリーに直そうとするとこのようになると思います。ただし、一番最後の「母親にメールした」というタイミングが定かではないので、電車で移動する前に連絡をしたと仮置きします。→**図9(P82)**

①(私は母親に頼まれて、八百屋に買い物に行った。)③(八百屋では、ニンジンと玉ねぎ、ピーマンを購入した。)②(八百屋への道中母親から電話があり、肉屋で肉を買ってきてほしいと頼まれていた。)ので、④(いつもの肉屋に向かったが本日はお休みだった。)⑥(仕方がないので、駅から電車で1駅移動した。)⑦(商店街にあるスーパーへ行き、牛肉500gを購入した。)⑧(帰り道に父親が車で拾ってくれたので思ったより早く家に帰ることができた。)が、⑤(帰宅が遅くなることは母親にメールしていた。)

このようにストーリーロジックを理解し、実際の学習でも手順や時系列、因果関係に置き換え

図9　ストーリーロジックで整理する（D.買い物）

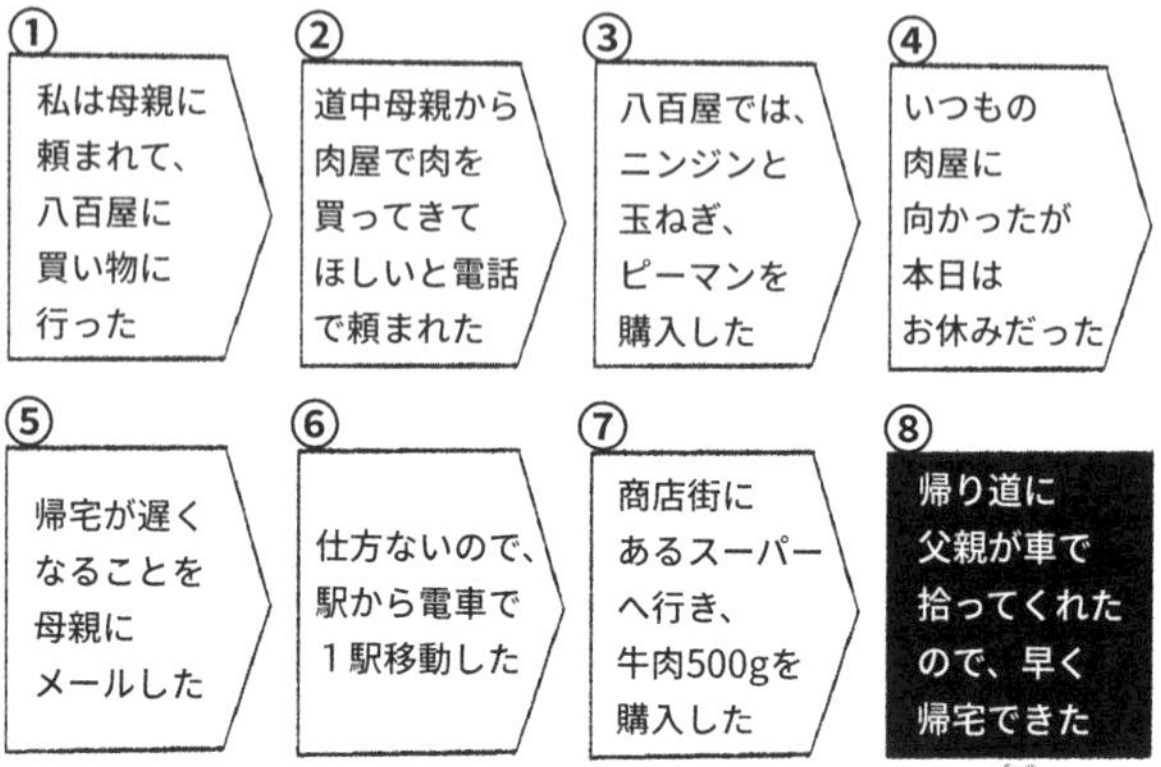
①
私は母親に
頼まれて、
八百屋に
買い物に
行った
②
道中母親から
肉屋で肉を
買ってきて
ほしいと電話
で頼まれた
③
八百屋では、
ニンジンと
玉ねぎ、
ピーマンを
購入した
④
いつもの
肉屋に
向かったが
本日は
お休みだった
⑤
帰宅が遅く
なることを
母親に
メールした
⑥
仕方ないので、
駅から電車で
１駅移動した
⑦
商店街に
あるスーパー
へ行き、
牛肉500gを
購入した
⑧
帰り道に
父親が車で
拾ってくれた
ので、早く
帰宅できた

ながら情報を整理していくことですっきりとしたストーリーになります。洋服ダンスに服をたくさん入れるにはきれいに折りたたんだ方が収納力は高まることと同じ道理です。

LOGICAL LEARNING METHODS 08

ストラクチャーロジックを捉える

ストーリーロジックを捉えていただいたら、次は言うまでもなくストラクチャーロジックを捉えていくということになります。既に説明をしましたがストラクチャーロジックとは合理的な分解を行うことです。本来「ストラクチャー」は「構造」という意味なので、「構造的に読む」という、私が本書でもたびたび使用している表現と意味合いが重複してしまっているのですが、「分解」という要素だけでは実はこのストラクチャーロジックを説明しきれないため、便宜上「ストラクチャー」という言葉を使用しています。

では、ストラクチャーロジックを語るうえで「分解」以外の要素にはどのようなものがあるのでしょうか。既に本書でも提示した、卵を分解した場合の例を見てみましょう。

ご覧いただいてわかる通り、卵を「黄身」「白身」「殻」という3つの要素に分ける行為が「分解」です。そして重要なポイントはこれらの黄身、白身、殻という要素がお互いに侵食し合っていたな

図10　ストラクチャーロジック　卵の例

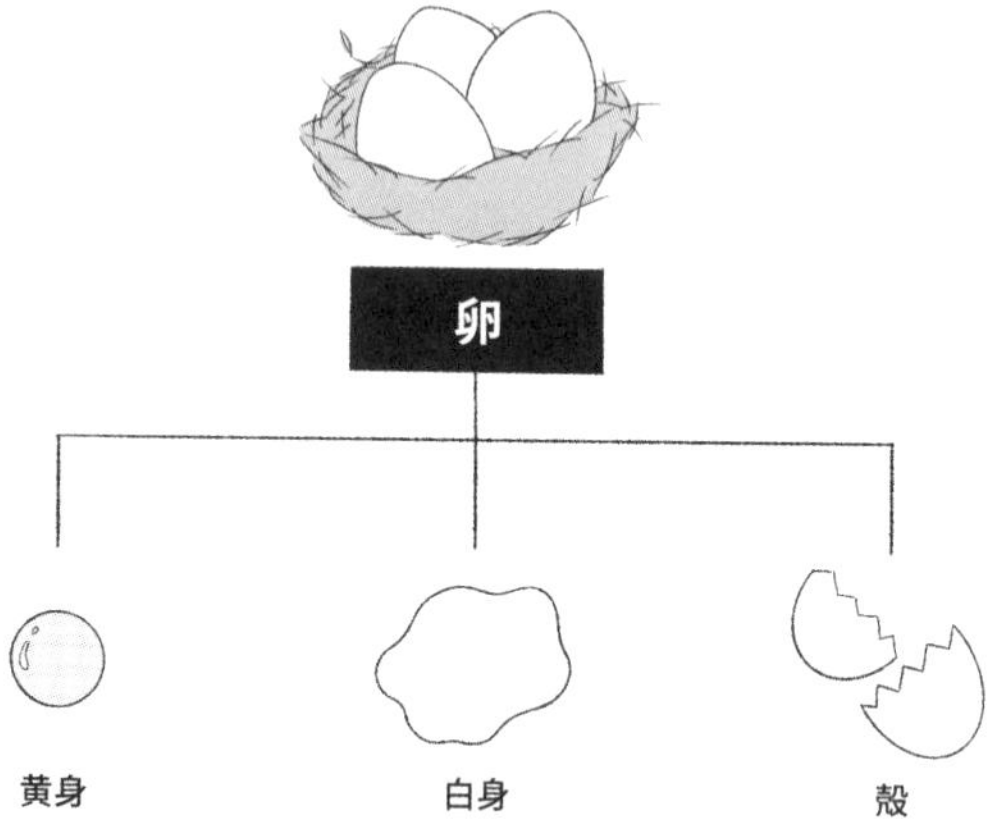

い点（黄身だけど白身である部分や、殻だけど黄身である部分は存在しません）、言い換えれば**「分解に重複がない」**という点です。かつ、黄身、白身、殻という要素はこれらのみで卵を構成することが可能です。すなわち、**「分解に漏れがない」**ということです。そして、分解された黄身、白身、殻という存在が**「同じレベル感（粒度、大きさ）である」**ことも重要です。たとえば黄身、白身、カルシウム、と来たら違和感があるでしょう。

最後に、黄身、白身、殻というものが、しっかりと卵を表現している、つまり**「要素が結論と結び付いている」**ということです。これは構成要素として成立するケースもあれば、因果関係のように成立するケースもあります。**→図10**

解説が一気にきて混乱してしまうことを避けるためにも、一度図示（**図11**）してみましょう。

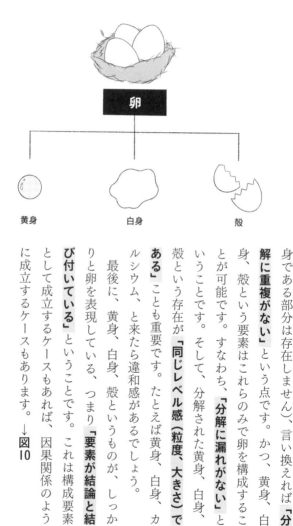

図11　ストラクチャーロジック（再掲）アレンジ

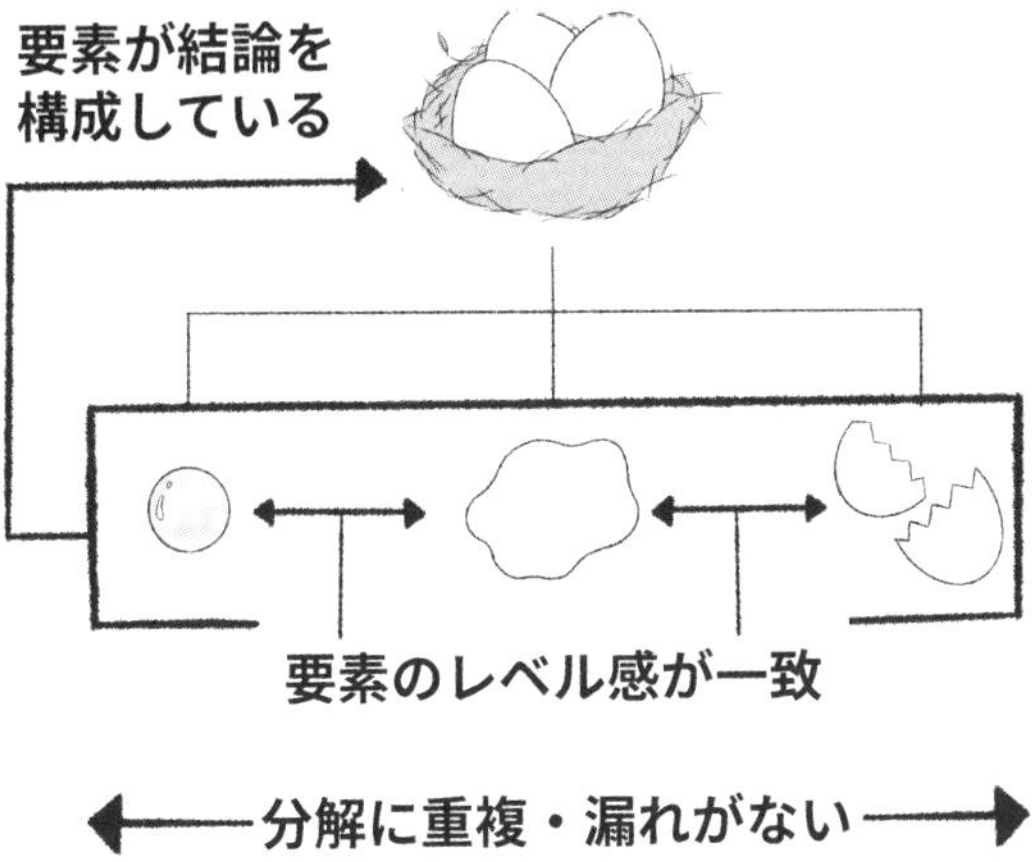

ポイントは、

- 分解に重複がない
- 分解に漏れがない
- 要素のレベル感が一致している
- 要素が結論を構成している

ということです。

では、以下のケースについて考えてみましょう。

A．食用肉の種類：↓図12（P86）
「牛肉」「松坂牛」「豚肉」「鶏肉」

↓当然誤りです。松坂牛は牛肉に含まれるものであり、分解が重複しているうえにレベル感が一致していません。また、魚を肉と捉えなかったとしても、鹿やイノシシを食べることもあり

図12　ストラクチャーロジック（A. 食肉用の種類）

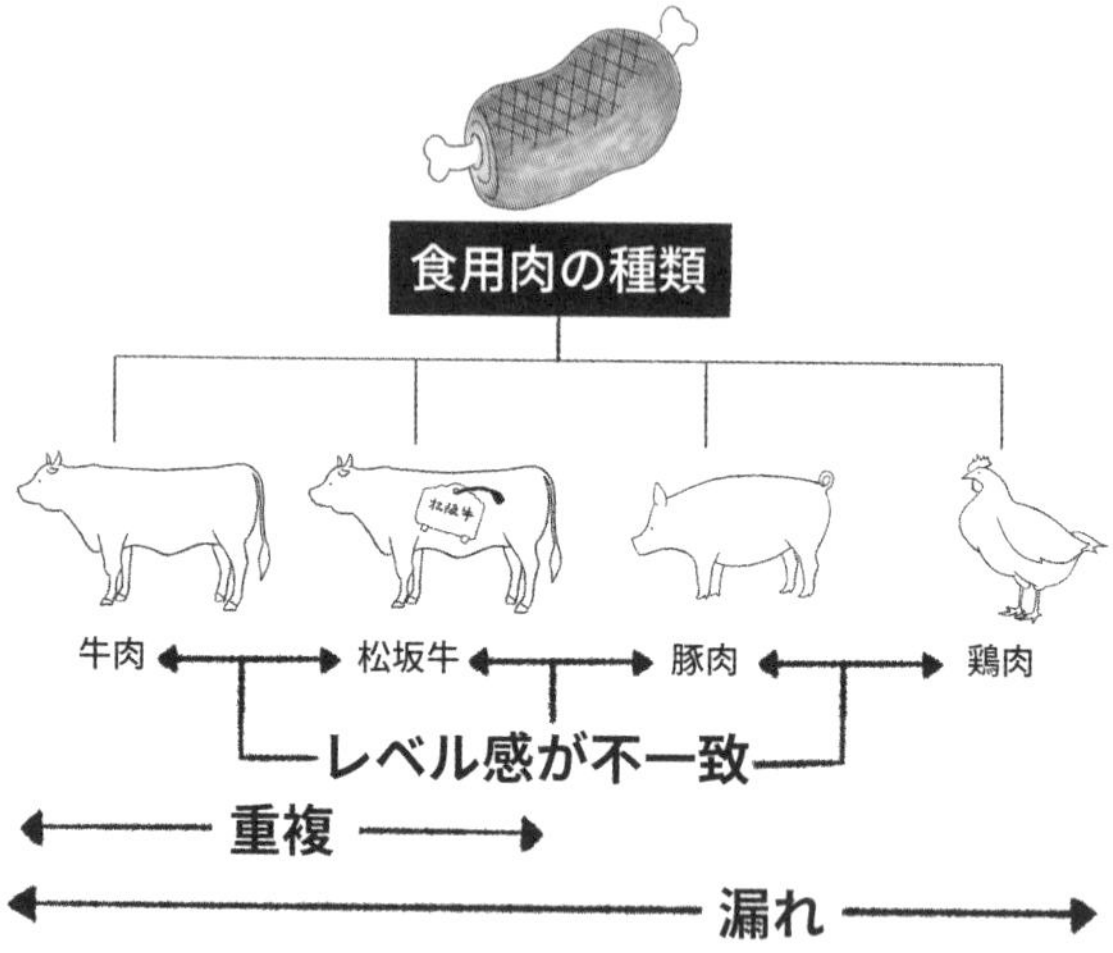

図13　ストラクチャーロジック（B. 日本のプロ野球リーグ）

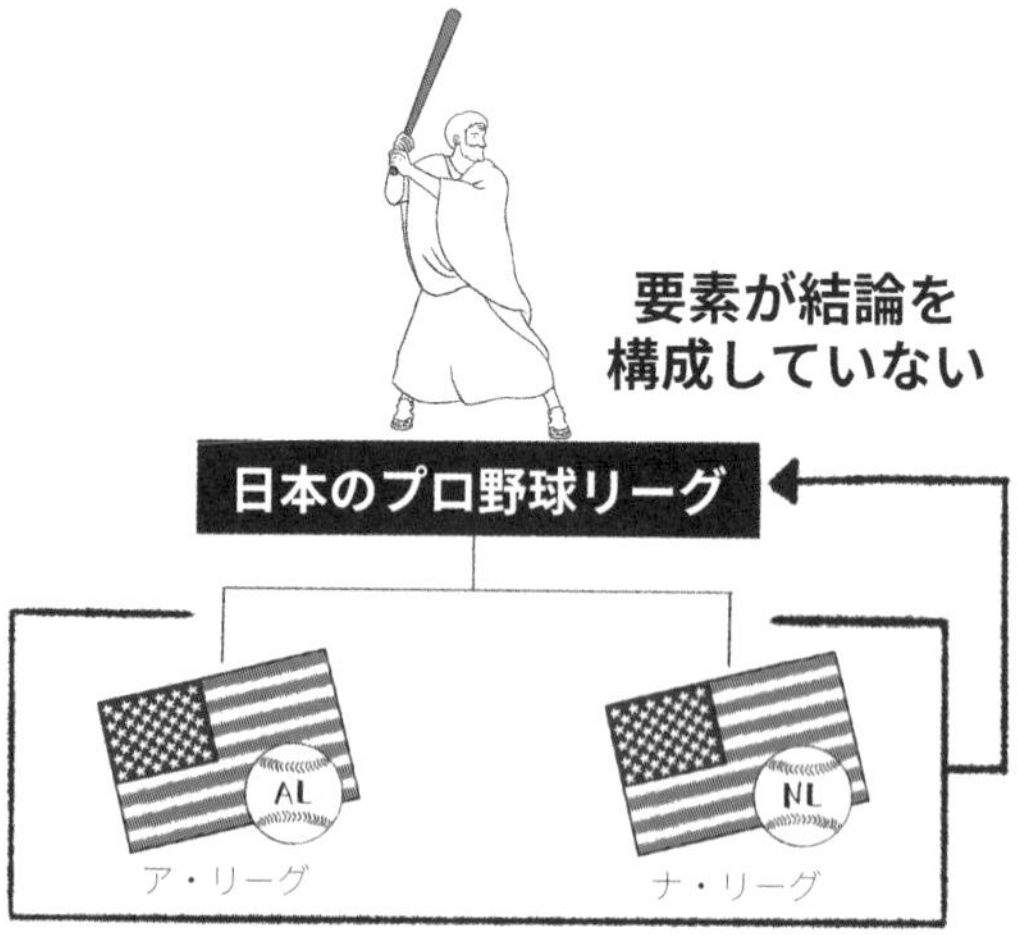

図14 ストラクチャーロジック(C.明日傘を持っていくべきだ)

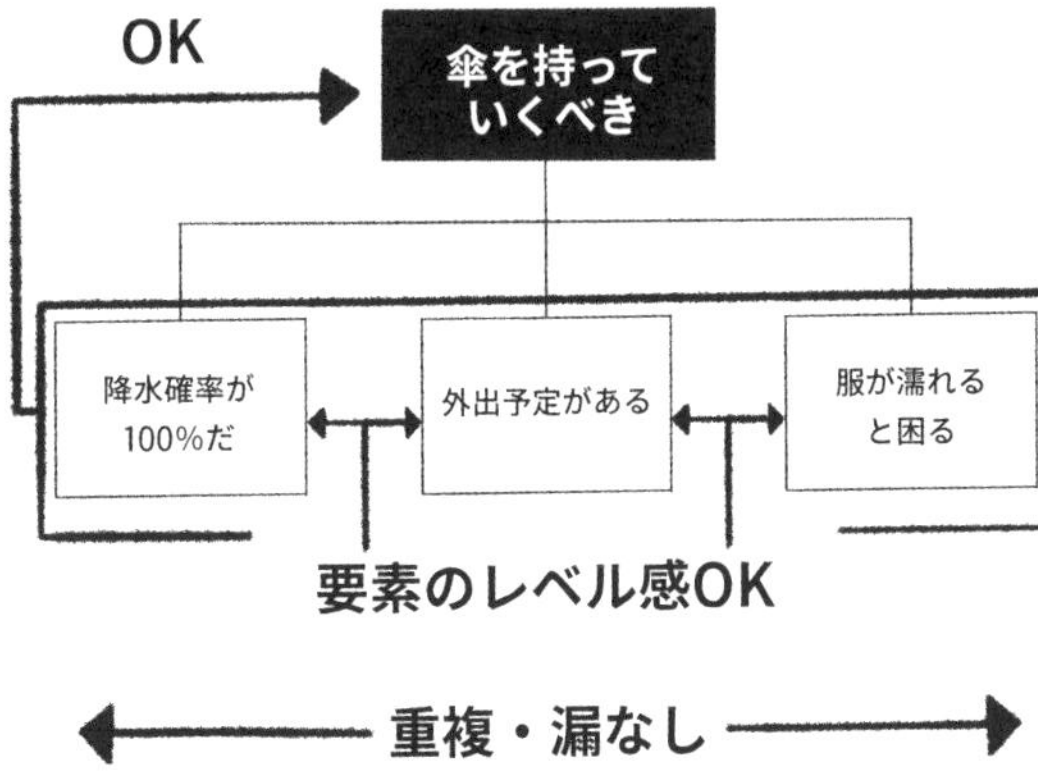

ますから、漏れがあるといえるでしょう。

B.日本のプロ野球リーグ:図13
「ア・リーグ」「ナ・リーグ」

↓これも誤りです。ア・リーグやナ・リーグはアメリカの野球リーグです。分解に重複や漏れがなく要素のレベル感も一致していますが、要素が結論を構成できていない事例です。

C.明日傘を持っていくべきだ:図14
「降水確率が100%だ」「外出予定がある」
「服が濡れると困る」

↓これは結論である「傘を持っていくべき」というメッセージに対して、要素を正確に分解できています。降水確率が100%で、外出する予定があり、濡れると困るからこそ、傘を持っていくのが当然となるわけです。

なお、分解に漏れがないことや重複がないことをコンサルティング会社などの用語でMECE（ミーシー：Mutually Exclusive and Collectively Exhaustive）と呼ぶことがありますが、知らなくてもなんら問題ありません。むしろこの概念を伝家の宝刀のように振り回されても、MECEに含まれないポイント（要素のレベル感の一致や、要素が結論を構成すること）があるぶん、逆に分解に失敗してしまうケースさえあります。ですから前記の4つのポイント（P85）を必ず覚えておきましょう。

少し難しい話が連続しましたが、これまで解説をした通りストラクチャーロジックを語るうえでは「分解」以外の成分がどうしても登場します。これらを「ストラクチャー」以外の一言で言い表すことはどうしても難しいため、このような表現であることを理解いただければと思います。

LOGICAL LEARNING METHODS 09

文章の「目印」を発見する

これまでメッセージや構造(ストーリーロジック、ストラクチャーロジック)を捉える手法について解説しました。文章の中で与えられた情報を的確に整理しながら読むことで、理解のスピードは格段に速く、正確なものになります。しかし、さらに「読む」精度と速度を飛躍させる有効な読み方があります。その**キーワードは「文と文の関係性」と「接続語(接続詞)」**です。

メッセージを説明する際に主節や従属節という言葉を学びました。これらは文を結合させた結果として発生する概念ですが、一般的にも文と文の間にはなんらかの関係性が常に存在します。まったく関係ない文を羅列しない限り、そこにはなんらかの関係が生じるわけです。その関係性をいくつかに分類することができますが、本書は現代文の解説書ではないのであくまで簡易的にまとめましょう。

①イコール（前後で同じことを述べている）

A．私にとって太郎は兄だ。すなわち太郎にとって私は弟だ。
↓前後の文で私が弟で、太郎が兄であることを言い換えています。

②逆接（前後で逆のことを述べている）

B．彼は私に「早めに帰るべきだ」と言った。しかし私はその場に残った。
↓彼の発言（忠告）と、私の行動が逆になっています。

③因果（原因→結果、もしくは結果→原因の順に並べている）

C．昨日のミーティングはとても長引いた。よって帰宅するのがだいぶ遅くなった。
↓ミーティングの延長が理由（原因）、帰宅が遅くなることが結果として表現されています。

④並列（前後の内容を並べている）

D．彼は数学がとても得意だ。同様に物理にも精通している。
↓数学が得意であることと、物理に精通していることの２つの事象を並べています。

そしてこれらの例文を見て、先ほど出てきたキーワードである接続語を覚えていれば、「なるほど！」と思った方もいらっしゃるでしょう。みなさんの予想通り、**文と文の関係性にはいくつかの種類がありますが、それを決定付けているのは接続語**です。一言に接続語といってもたくさんの種類があり、それらを理解することで文と文の関係性をより具体的に把握できるようになります。たとえば、同じ「並列」の意味でも、「または」であれば選択や対比、「並びに」であれば単純な並列、「しかも」であれば添加の意味になります。とはいえ、選択や対比だとか添加だとか、難しそうな文法用語を覚えようとする必要はありません。私たちは国語の先生になりたいわけではないので、細かく分類を徹底するよりもスピーディーに先ほどの４分類（イコール、逆接、因果、並列）を捉えて、文章の構造を把握する方が重要です。ただしどうしても気になってしまう人向けに、最後にもう少し細かい分類表を付けておくことにしましょう。**↓表Ⅰ（Ｐ92）**

表1. 接続語の分類表

【イコール】		【因果】	
言い換え	つまり、すなわち、言い換えれば etc.	順接	よって、だから、したがって etc.
例示	たとえば、具体的には、いわば etc.	理由	なぜなら、というのは etc.

【逆説】	【並列】	
しかし、だが、けれども etc.	並列	また、および、並びに etc.
	添加	そして、しかも、さらに etc.
	補足	ただし、なお、ちなみに etc.
	選択・対比	あるいは、それとも、または etc.
	転換	ところで、さて、では etc.

さて、ここまで接続語による文と文の関係性について述べてきましたが、これらを利用した場合、メッセージや構造を掴む時にどのような効果があるのか、まとめていきましょう。既にここまでの内容をしっかりと理解していれば、メッセージや構造を掴むための新たな道標になるでしょう。

表2. 接続語の4分類

	メッセージ	ストーリーロジック	ストラクチャーロジック
イコール	メッセージは筆者にとって重要な主張なので繰り返し表現される場合があり、その際の目印になる。	前後が同じということは、ストーリーにおけるプロセスは進行していないことがわかる。	前後が同じなので、これらを別々に分解し、異なる要素に分ける必要がないとわかる。
逆接	「しかし」などの逆接の後ろに筆者の主張がくるケースが多い。	手前のプロセスを否定しているので、新しいストーリーが発生するか、プロセスが分岐するといった可能性が考えられる。	前後で異なる要素であることから、必ず別の要素に分解するべきであるとわかる。もしくは逆接前の内容を要素に盛り込むべきでない可能性もある。
因果	結果部分に主張がくる可能性がある。	理由→結果の順にプロセスを構成することができる。	理由と結果というレベル感の違う要素になるので、ストラクチャーの上下で表現すべき可能性がある。
並列	メッセージとメッセージでないものが同じように並ぶ可能性は低い。よって両方メッセージか、両方メッセージではないか。	プロセスは進行していないので、1つのプロセスの中に入れ込むか、プロセスが分岐しているかのいずれか。	同一の要素の中の羅列か、異なる要素として分解すべきか判断する必要がある。少なくとも上下関係(結論と構成要素の関係)にはならない。

LOGICAL LEARNING METHODS 10

図表を読み取る

これまでは文章を読むことを主眼において解説をしてきました。書かれた文章の中からメッセージを見つける、および文章を構造的に捉える方法を理解できたと思います。しかし、実際に勉強を進めていると、必ずしも文章ではない表現で情報が提示されているケースがあり、それが図表形式の情報です。

そもそも文章で情報を羅列する場合、それはどうしても単調になりがちです。また、文章にする限り常に一つひとつの文として成立させなければならないので、読み手にとって必ずしも必要でない情報が含まれてしまいます。これらを避けるために、「最初から図表で表現してしまおう」と考えるのはごく自然なことだと言えるでしょう。

しかし、図表をいざ目の前にすると、なにをすべきなのかわからなくなるというケースが意外と発生します。とくに情報量の多い図表に巡り合うと、一気に丸々暗記しなければ、という強迫

表3　歴史年表

時代	年	説明
飛鳥	592 -	聖徳太子の時代
奈良	710 -	平城京と仏教の時代
平安	794 -	平安京と貴族の時代
鎌倉	1185 -	東国を中心に武士の時代
室町	1336 -	京都・足利将軍の時代
安土桃山	1573 -	織田信長と豊臣秀吉の時代
江戸	1603 -	徳川幕府、藩政時代
明治	1868 -	近代の幕開け、天皇統治
大正	1912 -	大正天皇の在位期間
昭和	1926 -	昭和天皇の在位期間、戦前・戦後

観念が働いて勉強が嫌になってしまうこともあります。そこでここでは実際図表と相対した時に、どのような対処をするべきか解説します。早速例を見てみましょう。

A．表形式→表3

例として年表を用意しましたが、一般的には「表形式」であると認識してください。**図表として表現する場合、原則2次元で表すことになるので必ず縦軸・横軸が存在します。**稀に3次元で表現されることもありますが、文字情報は3次元にできないため、その場合はグラフ形式で3つの軸が存在することになります。この年表の場合、通常の2次元でまとめられていますが、縦軸が時系列、横軸には時代名・年代・説明が並んでいます。もちろん、新しい時代が上にくる場合や、縦と横が逆になっているようなケースもあり、さまざまな表現方法が可能ですが、時代名のところに年号が書いてあったり、説明のところに時代名が書いてあったり、というような滅茶苦茶な表はありえない（表として間違っている）わけです。

こういった年表と相対した場合、基本的にはすべての理解を求められていると認識してくださ い。文章で説明が別途なされている場合もありますが、「わざわざ表にまとめる」ということは、筆者としては整理しなくてもいいような、重要ではない情報をわざわざ整理する必要はありませんから、表にする以上「ぜひここは整理して理解してほしい（覚えてほしい）」という意図を持っています。

しかしみなさんからすれば、初めから「全部覚えよう！」と言われてもなかなか困るわけですが、不安になる必要はありません。むしろ、一度読んでしまえばすべて覚えられる天才でもない限り（ちなみに私はそのような天才には出会ったことがありません）、誰でも結局は何度も情報を見直して覚えていくわけです。すなわち、初めから全部を覚えようとするのではなく（覚えられればとてもラッキーくらいの気持ちで）、今後同じ表に何度も触れて覚えていく前提で、「なるべく効率よく」なるようにすることを考えましょう。

その際の**表の読み方として有効なのは、「軸を捉える」「情報のつながりを見抜く」「知っている情**

報を探す」というものです。具体的には次のパートで解説していきます。

B．グラフ→表4

図表の典型例として表形式に並ぶものが「グラフ」です。表は必ず2×2、3×4、5×5などといった「○×○」の形式で表現されますが、グラフはかなり多様です。今回の例では棒グラフと折れ線グラフが合体したものを用意しましたが、棒グラフ単体、折れ線グラフ単体でも利用しますし、その他一般的にも円グラフ、散布図、面積図、レーダーチャートなど、多様なグラフが存在します。種類が多いとそれだけで混乱してしまう人がいますが安心しましょう。いずれのグラフも基本的には2次元、どんなに複雑でも3次元で表現されており、すなわち**縦軸と横軸＋α で完結します。**

例として**表4（P98）**を見てみましょう。これは横軸に時系列が来ており、縦軸には「売上金額」（左側）と「昨対比（%）」（右側）があります。一見すると3つの要素があるので3次元のグラフのようにも感じられますが、そうではありません。2次元のグラフが2つ重なった形（時系列×売上金額のグラフと時系列×昨対比のグラフ）です。

表4　売上表

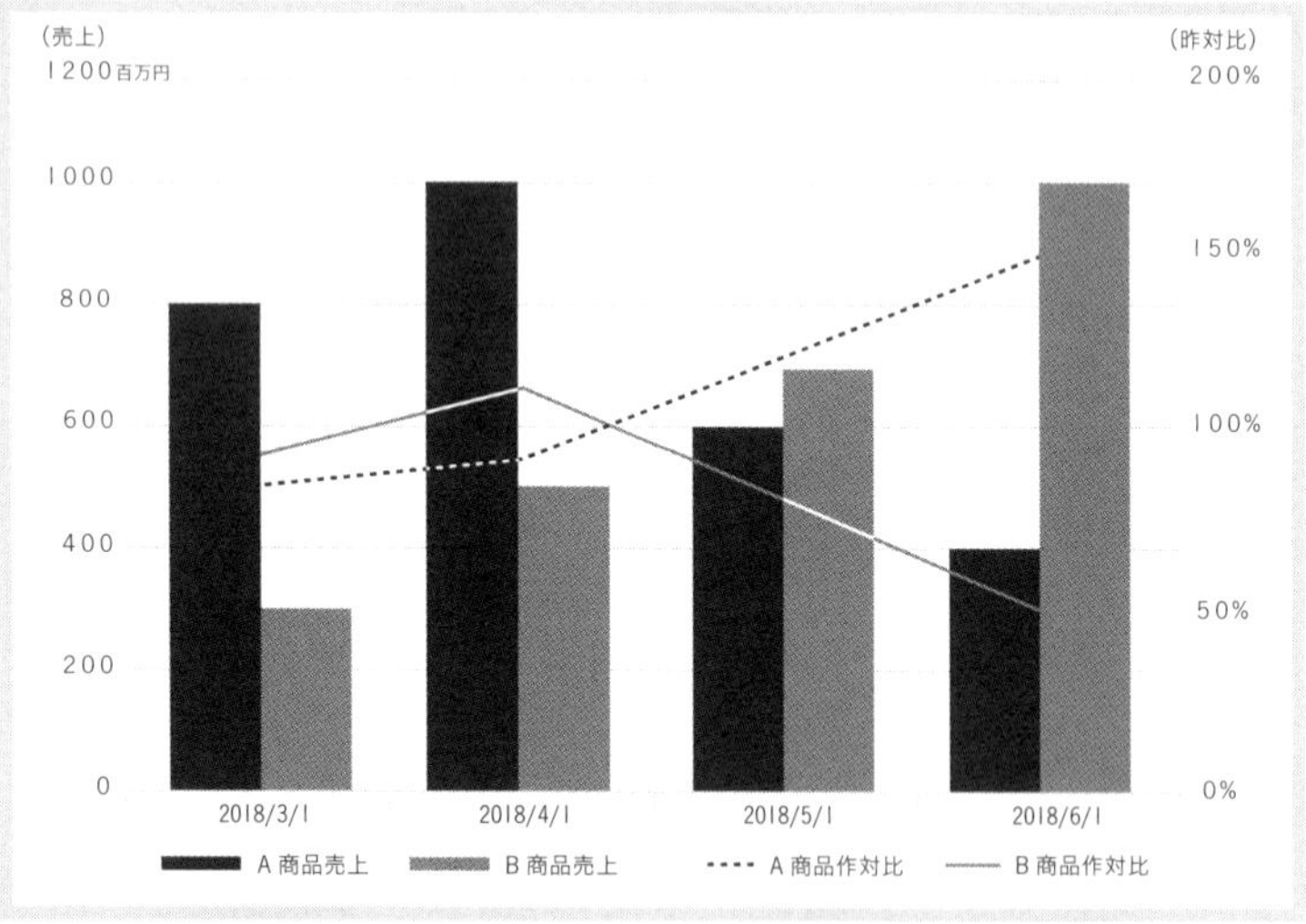

ではどのようなものが3次元のグラフなのかという例として**表5**の面積図をお見せしましょう。横軸の並び順として事業分類、横軸の長さとして事業の売上高（%）、縦軸として利益率（%）の3つの要素を同時に示しています。つまり、1つの情報をいくつかの切り口で分解するかが、グラフの次元の数を決めているわけです。この考え方は既に説明したストラクチャーロジックにおいて、要素をいくつに分類するかという考え方と同じです。→**表5**

話を戻して表4のグラフを見ると、時系列×売上金額のグラフと時系列×昨対比のグラフの2つを合体させただけのものです。逆に言えば2つのグラフを1つに無理やりねじ込んでいるのでわかりづらいですし、本来は避けるべき表現です。今回の例もあまり優れたグラフとは言えないでしょ

表5　面積図

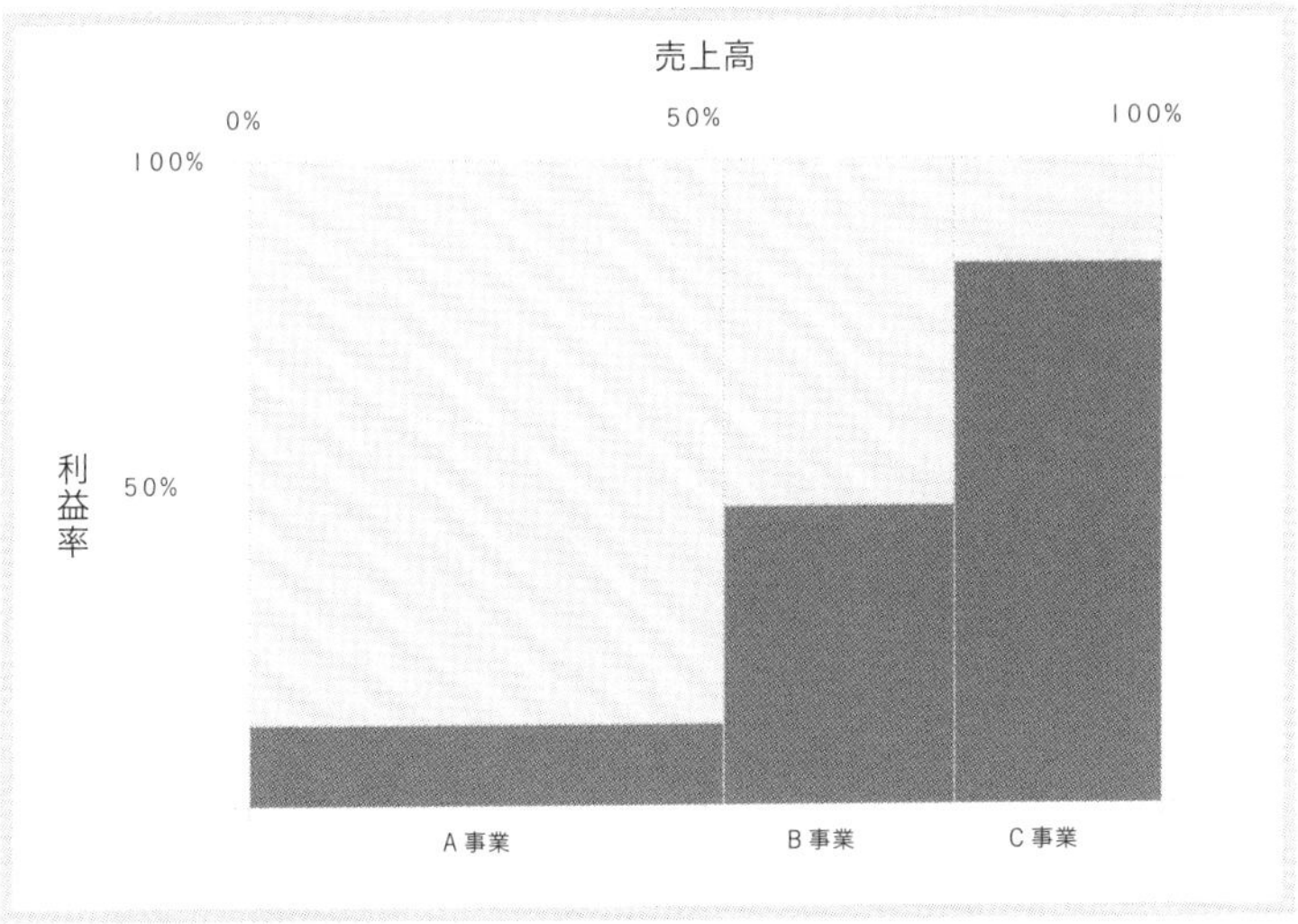

う。しかし世の中では時折出現するものなので混乱せずに対処することが必要です。

　では、グラフが登場した際に勉強法としてどのように対処すべきでしょうか。グラフの場合細かい数値が登場しますが、これらをすべて暗記することを求めているケースは多くありません。覚えてほしい数値があるならば、注目すべき値として表にまとめる方がわかりやすいからです。逆に、そのグラフの特徴やグラフから導き出されること（結論）を理解してほしいというケースが多いのです。そのため、まずは**グラフを理解するために「軸を捉える」ことと「情報の特徴を探す」ことに取り組み、最終的には「結論を見出す」ことが重要**です。これらの方法も次のパートで解説していきます。

LOGICAL LEARNING METHODS 11

軸を捉え、特徴を掴む

ここでは、表形式とグラフ形式の図表を読み解いていく（勉強する）際のコツを解説していきます。

まず表形式ですが、**表を読み解くには「軸を捉える」「情報のつながりを見抜く」「知っている情報を探す」**という3つを知っておきましょう。実際に例を挙げて説明します。

図15は先ほどと同じ年表ですが、読み解く際にはまず軸を捉えるところからスタートします。今回は、縦軸が時系列、横軸には時代名・年代・説明が並んでいます。「そんな簡単ことを?」と思う方もいるかもしれませんが、これは非常に大切です。勉強を進めていると大量の表に出会い、同じ分野の同じテーマの表や、場合によっては同じ情報が細かさを変えて何度も登場します。そして前述の通り表になっている以上すべての情報を把握する必要がありますから、最終的には表を構成している情報をすべて自分で再現できるようになる必要があります。その時に、表の定義が曖昧では話になりません。そのため、まずは表の軸からしっかりと理解すべきなのです。

図15　表の軸を理解する

時系列

時代名	年代	説明
飛鳥	592-	聖徳太子の時代
奈良	710-	平城京と仏教の時代
平安	794-	平安京と貴族の時代
鎌倉	1185-	東国を中心に武士の時代
室町	1336-	京都・足利将軍の時代
安土桃山	1573-	織田信長と豊臣秀吉の時代
江戸	1603-	徳川幕府、藩政時代
明治	1868-	近代の幕開け、天皇統治
大正	1912-	大正天皇の在位期間
昭和	1926-	昭和天皇の在位期間、戦前・戦後

次に情報のつながりを見抜きます。**表は軸に沿って情報がまとめられているので、つながりも縦と横に存在します。**たとえば縦の情報の場合、明治時代から大正時代、そして昭和時代のつながりは単純に時系列というだけではなく「天皇の即位（退位）」という方法でつながっています。しかし平安時代から鎌倉時代のつながりは天皇の即位ではなく、源頼朝が文治の勅許により軍事権や警察権を掌握したものです。要は同じ縦軸や横軸の中でも隣（上下）同士、それぞれ異なった関係性があるというわけです。

なお、今回は横には同じ情報が時代名・年号・説明という別の表現で書かれているだけですので、深掘りは不要です。縦横逆のケースもありますし、縦にも横にもつながりを見出すべき情報も存在することは、覚えておきましょう。→**図16（P102）**

図16　表のセル（上下左右）同士のつながりを理解する

飛鳥	592-	聖徳太子の時代
奈良	710-	平城京と仏教の時代
平安	794-	平安京と貴族の時代
鎌倉	1185-	東国を中心に武士の時代
室町	1336-	京都・足利将軍の時代
安土桃山	1573-	織田信長と豊臣秀吉の時代
江戸	1603-	徳川幕府、藩政時代
明治	1868-	近代の幕開け、天皇統治
大正	1912-	大正天皇の在位期間
昭和	1926-	昭和天皇の在位期間、戦前・戦後

文治の勅許により軍事権や警察権を掌握したもの（→ 平安・鎌倉）

天皇の即位(退位)によるつながり（→ 明治・大正・昭和）

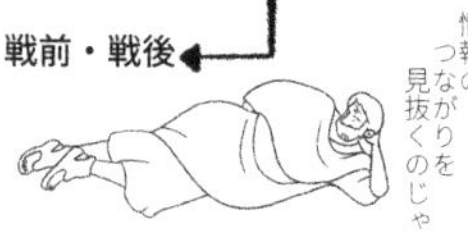

最後に知っている情報を探します。これは表の読み取り方というよりも情報を覚えるためのテクニックに近いものです。表形式のものは後々自分で再現できるレベルまで情報を自分のものにしなければなりません。その場合、多くは暗記が必要になるのですが、一気に覚えるのは不可能なので、まずは知っているところから対処しましょう。たとえば先ほど登場した鎌倉時代の成り立ちに詳しければ、そこから平安時代、室町時代を確認していきます。**初めからすべてを覚えようとするのではなく、「確実にわかる」ところからスタートして繰り返す中で覚えていけばよい**のです。

表形式の次はグラフ形式です。**グラフにおいては「軸を捉える」「情報の特徴を探す」「結論を見出す」という3つがポイント**です。軸を捉える際は表形式と同じように縦軸と横軸（3つ目の軸が存

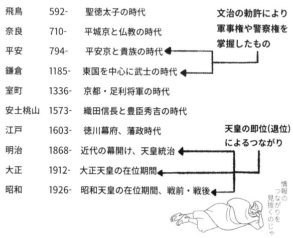

図17　グラフの見方を理解する

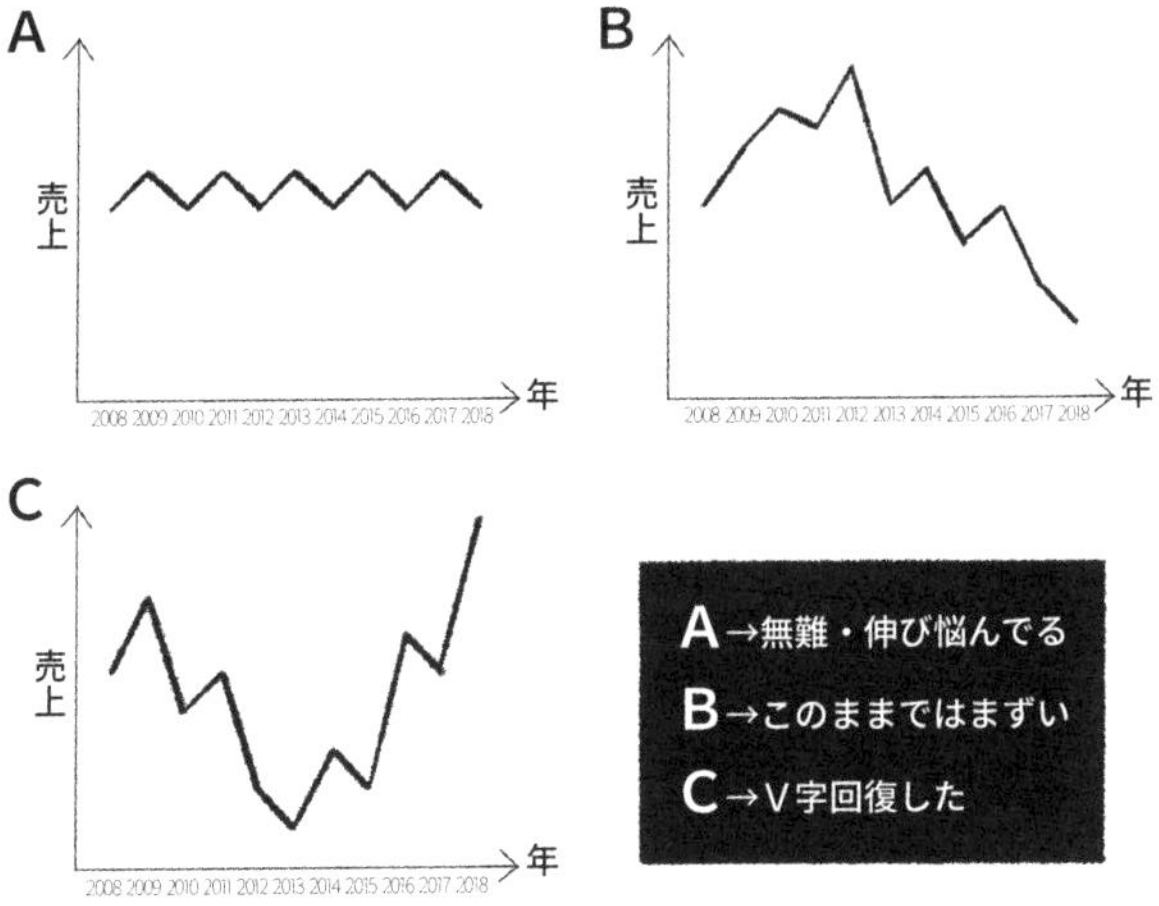

在する場合はそちらも）を理解します。グラフの場合は軸の名前が書いてあるケースも多いので苦労しません。たとえば、年代、売上、割合などがあります。→図17

次に情報の特徴を探し、結論を見出します。グラフで表現するということは、「グラフを通して伝えたいことがある」わけですから、その伝えたいことを示すためになんらかの特徴が存在するはずです。少し例を見てみましょう。

Ａの特徴は「年代によりあまり変化がない」ことです。これだととくに伝えたいことはないのかもしれませんが、少し推察すれば「売上が安定している」とか「なんとか無難に運営できている」もしくはマイナスに捉えれば「施策が上手くいっていないので売上が伸びない」といった結論を想定できます。1つのグラフだけでは結論を決めつけることができないケースもありますので、他の情報と組み合わせて最終的な結論を導いていきましょう。

Bの特徴は「右肩下がりになっている」ことです。縦軸は売上であり、売上が下がるのは通常よくないことですから、結論としては「このままではまずい」とか「なにかしなければ！」といった内容を想定することができます。

Cの特徴は「一度落ち込んだ後に右肩上がりになっている」ことです。少しそれっぽい言葉で言うならば「V字回復」です。とあるタイミングで急激に売上が回復・成長しているので、そこになにかあったのだろうと予測できます。「～年に実施した施策により、会社がV字回復した」というような結論が想定できます。

このように、グラフの特徴を把握することでそのグラフの結論を見出すことが可能です。結論はいくつか想定できるケースも多いので、あくまでも他の情報と突き合わせて考える必要があります。しかし、そこでも大切なのは軸を理解しておくことです。先ほども「軸が売上だから、値が下がっているのはよくないだろう」という推察を行いましたが、軸を理解していないと、示されたデータが良いのか悪いのか、なにを意味しているのか見当もつかない状態に陥りかねません。

LOGICAL LEARNING METHODS 12

ロジカルに「読む」の実践

これまで「読む」ことについてかなり深掘りをしながら説明をしてきました。メッセージから始まり図表の読み取りに至るまで徹底して解説を行いました。内容を十分理解された方にとってはこれから生活の中で目にする文章や図表が、今までとはまったく異なって見えてくることでしょう。まだ理解が及ばないという方も、ぜひ何度も読み直して身に付けてください。

本章の冒頭で「学習のスタートは読むことである」と述べましたが、まさしくこの「読む」ことについて得た知識を、これから「聞く」「書く」「話す」でも応用していきます。文章や図表の形式は「すでに書かれたもの」であり、変化しませんからじっくりと相対することが可能です。しかし「聞く」場合は情報がどんどん流れていく中で工夫が求められますし、「書く」や「話す」に至っては自らロジカルに表現をしていくことが必要ですから、本章の内容はしっかりと理解を深めておいていただきたいところです。

また、「読む」勉強においては、多くの人が同じ情報に触れているということも見逃せません。

たとえば大学受験でも資格試験でも、答えがあるようなものを学ぶ際は試験における「範囲」が存在し、同じ試験に向けて書かれた教材であれば、多かれ少なかれどんな教材にも似たような情報が書いてあります。だからこそメッセージの有無、情報の構造やつながりを意識して勉強する必要があります。同じ情報（文章・図表）を目の前にした時に、ただ漠然と読み流し「覚えておかなきゃ」程度に考えている人と、情報のつながりや構造を把握している人では、同じ情報に同じ回数触れていたとしても圧倒的な理解の違い、習得度合いの違いが発生するのです。

やはりそのレベルに至るためには、普段からの練習が重要です。みなさんが勉強の中で利用している教材を読む際に、本章の内容を強烈に意識しながら読みましょう。勉強用の教材だと難しい場合は、新聞記事やニュース記事で練習しても構いません。そして構造をメモに起こしたり、気付いたことを教材の中に書き込んでいくのです。それこそが「読む」勉強です。

さらにそうやって文章や図表に対して常にロジカルに接していると、意外と世の中の情報はロジカルに書かれていないことにも気付けます。ロジカルである情報が正しいとは限らないので、それはあくまで書き手の能力の問題です。しかし曖昧に書いて論理的にごまかそうという情報は大量に存在しますから、そういった情報に踊らされてしまうこともなくなるでしょうし、自分自身が表現を行う際に反面教師として活用することもできるのです。

column② 虫食い暗記術

暗記においてもうひとつ重要なポイントがあります。それは**「保有している知識が多いほど、新たな知識を習得しやすい」**という事実です。IT社会を生きる私たちにとっては、「データ容量」の考え方が一般的なので、あまりなにかを覚えすぎると他の知識を入れることができなくなってしまうと思いがちです。しかし事実は必ずしもそうではありません。

わかりやすい例として、色を考えてみましょう。みなさんは青色に似た色として紫色、藍色、水色などを知っていると思います。より詳しい方であれば、青藍《せいらん》、鉄紺《てっこん》、紺碧《こんぺき》といった色もご存知かもしれません。

しかしそういった青の周辺色を思い浮かべることができるのは、なんとなく「青」というベースの色に対して知識があるからです。また、青藍、鉄紺、紺碧といった色も調べて覚えることは簡単であり、なぜならその前提として紫色、藍色、水色などを知っているので、それらとの差分でどのような色か認識することができるからです。逆に青色を知らない人が、いきなり青藍、鉄紺、紺碧といった色を覚えるのは困難でしょう。

つまり、**なにかを覚える際にはその周辺情報があるほど覚えやすい**というわけです。これを勉強に生かす場合、虫食い型の暗記をするという手法が挙げられます。先のコラムで「1対1暗記術は1項目の情報量が多いものや情報の中にストーリーなどの構造が含まれているものには不向き」と述べましたが、情報量が多いものはいきなり丸ごと覚えようとしないことが重要です。情報が乱雑だと覚えにくいですから、表や箇条書きの形式にまとめておいたうえで、**「覚えられそうなものから覚える」のがポイント**です。

歴史において「江戸時代は徳川家康が征夷大将軍に就いた1603年から」と言われていますが、試験においてはこの「江戸時代」「徳川家康」「征夷大将軍」「1603年」のどれもが問われる可能性があります。つまり、丸ごと覚えていなければなりません。しかし最初から全部覚えようとせず、まずは時代名と人物名だけ覚えて、後から役職と年号を覚えるという工夫ができます。より簡単に言えば、暗記項目を分割して細かく暗記を重ねる（増やす）ということです。ぜひ実際に試してみてください。いきなり丸々覚えるよりも効率よく、心理的ハードルも下げて勉強に向かうことができます。

第3章

ロジカルに「聞く」

LOGICAL LEARNING METHODS 01

「聞く」は非効率なのか？

第3章では「聞く」ことについて取り扱っていきます。みなさんは小学校、中学校をはじめ、今まで先生の授業を「聞く」ことをしてきているので、聞いて勉強すること自体に抵抗感はないでしょう。むしろ大学を卒業した方であれば、小さい頃から学校や塾に通い、大学を卒業するまでずっと授業で先生の話を聞きながら人生を送ってきたというパターンも多いのではないでしょうか。私自身、小学校から塾に通い、高校受験、大学受験を経る中で人並み以上に「授業を聞く」時間が長かった人間です。

しかし最近ではこの「授業を聞く」というあり方が変わってきています。私がかかわっている大学受験業界では授業をしない（講師はスケジュール管理や教材選定を行う）スタイルの塾が登場したり、生徒の意識としても授業を重視していなかったりする様子が見受けられます。

とくに私はYouTubeで受験関連の情報を発信しているので、動画に寄せられるコメントを見ていると「授業を受けるより参考書を読んだ方が効率的」だとか「授業は周りのペースに合わせないといけないから非効率」といった声がかなり見受けられます。こういった考え方の背景には、授業をただ聞いているよりも独学（自学自習）した方が効率的であるという見方が存在します。

同様に、学校教育もその姿を変えつつあります。近年では先生が一方的に生徒に話しかける形式の授業ではなく、アクティブラーニングと呼ばれる生徒主体の、もしくは双方向的な授業が登場しています。もちろん実際には教師の負担増加、カリキュラムが終わらないといった課題や、生徒が消極的だとか、学習レベルの不一致による議論の不成立といった問題も発生しており、まだまだこれから改善・改良していかなければなりません。

しかし少々極端な言い方をすれば、教師の方に話を聞けば、二言目にはアクティブラーニングの話題になるくらい、新しい学び方が広がっています。

では、これらの事象が意図するように「聞く」というスタイルはもはや非効率なのでしょうか。私はそうは思いません。その理由は**自分が知らない視点を得ることができる**からです。たとえば、まだ高校範囲の学習が終わっていない高校1年生に対して「あなたが東大受験をするために必要な学習はなんですか？」と質問して、的確な答えが返ってくるでしょうか。なんとなく英語のこの分野、数学のこの分野をやる必要があるという知識は持っていても、具体的にそれを実際の学習計画や内容に落とし込むことは困難です。授業という形式であるか否かはともかく、もしその生徒に東大受験までの具体的な道標を示せる人間がいるならば、迷わずその人間の話を聞いた方がいいでしょう。

もちろん、時と場合を選ぶことは重要です。先ほど挙げたような事例が示すのは、なんでもかんでも授業形式で処理することに対する否定であり、「聞く」ことそのものの否定ではないことに注意すべきです。受験勉強にせよ、学校教育の現場にせよ、勉強の効率を最大化させるためには状況に応じて有効な手立てを用いることが重要です。授業を受けずに参考書で勉強した方が捗る状況があることも真実ですし、学校教育において主体的な学びを提供することが喫緊の課題であることも真実です。どんな場面で「聞く」べきか、そうでないのか、第3章を通じて理解を深めていただき、そして最終的には効率的に、そしてロジカルに「聞く」ことができるレベルまで達成いただければ幸いです。

LOGICAL LEARNING METHODS 02

「聞く」勉強の使い途

先に述べた通り、「聞く」という勉強方法は場面に応じてとても有効です。逆に、あまり効率的ではない場面も存在するため、状況に応じて「聞く」ことが大切です。ここでは、その使い分けの場面について説明していきましょう。

向いている状況「初学者の段階」

勉強を始める際にいきなり上級者としてスタートする人はいませんので、誰でも初学者というステップから始まります。初学者の特徴としては「自分がこなすべき勉強の全体像が把握できていない」ことや「どのように勉強を進めればよいかわからない」ことが挙げられます。人によっては「とりあえず始めてみるけれど、そこまでモチベーションが高くなっていない」状態の人もいるかもしれません。そういった初学者にとって、「聞く」という行為は有効です。「聞く」という形式には「1対1」か「1対多」かの違いがありますが、この場合は形式にこだわる必要はないでしょう。

勉強を始める際は基本的に「読む」から入ることを推奨すると述べましたが、ずっと読んでいるだけでなく、タイミングを見て「聞く」を導入するとよいでしょう。自分が相対すべき勉強の全体像や勉強の進め方について、勉強に慣れている場合は独力で把握できるかもしれませんが、慣れていない場合は人の話を聞くのが有効です。その際の注意点は、**「いったん多くの人の話を聞き、その中から選ぶ」**ということです。どのような分野でもそうですが、教え方というのは多様です。講師や先生によってかなり違いがあると言えます。初学者だと話を聞かないうちにどの人の話が優れているかを判断するのは困難です。そのため、まずは多くの人の話を聞いて、情報を収集し、その中からスタンダードなものを選ぶとよいでしょう。

向いている状況「質問」

学習がどの段階に到達しているかは問わず、「質問できる状況」というのは非常に貴重です。なぜなら人によって疑問に思う部分が異なるからです。どのような勉強でもそうですが、「普通の人がつまずきやすいポイント」というものが存在します。学習者に対して無関心でない限り、教える側の人間はつまずきやすいポイントを知っているので、教える際に工夫をしたり、じっくりと時間を割いたりします。これは書かれた形式（本・教材）でも、話す形式（授業・講義）でも同じです。しかし学習者からすれば、「重点的に説明されたところは理解できたけれど、他の部分がわからない」とか「重点的に説明されてもまだわからない」など、いろんなパターンが出現するわけです。

この場合、ひたすら読んで勉強し、「1対多」で話を聞いていても、効率的な疑問の解決にはつながらないケースが多いのです。ですから、**疑問を持つ状況の場合は1対1で「聞く」ことができる環境が貴重**です。もちろん私たちは教材やインターネットを活用できますので、「appleは日本語で言うとなにか？」のような、単純な情報を知りたいという疑問であれば独力で調べた方が効率的です。しかし、調べられないような具体的な疑問（特定の問題や事象に対する疑問）や、世に出ていないニッチな（狭い分野の）疑問の場合、他人に質問するのは非常に有効です。

向いている状況「初めから教えてくれる人がいる場合」

最後に説明するのが、初めから教えてくれる人がいるケースです。自分が勉強したい分野について、教えてくれる人が身近にいるのであれば積極的に話を聞いた方がよいでしょう。高校生や大学生であれば先生や同級生、社会人であれば同僚。もちろん先輩や後輩、どこかで知り合った友達でも構いません。自分が勉強したい分野について、詳しい人は意外と身近にいるものです。なぜプロではない人にわざわざ聞くのかと言えば、**自分と同じ環境にいる人こそ、自分に的確な助言をくれる可能性がある**からです。もちろん、そういった方は教え方のプロではありませんし、善意で教えてくれる人の時間を奪い過ぎてはいけませんが、自分に似た環境の人の話は、「聞く」側としても腑に落ちやすいことも事実です。とくに、勉強を始める際の大雑把なノウハウや経験談、勉強途中で悩んだ際の考え方などは意外と役に立つものです。また、当たり前のことですがそうやって協力してくれた方には、きちんと適切なお礼をすることも忘れずに。

LOGICAL LEARNING METHODS 03

「聞く」勉強の危険性

「聞く」勉強が有効な状況を説明しましたが、逆に「聞く」ことが効率的ではない状況、もっと言えば勉強を阻害する可能性がある状況について解説します。

危険な状況「勉強した気になる」

どのような勉強でもそうですが、**本当に勉強していないのにもかかわらず、勉強した気分になってしまう**というのが一番よくないことです。勉強をしていないのはあくまで自分自身の努力の問題ですが、勉強になっていない行為を続けながら「勉強した気分になる」のは危険な状況です。なぜなら自分で努力をしていると思い込んでいるのに成果が出ない状況が続いてしまうからです。

そういった状況に陥りやすいのが「聞く」という状況です。「書く」「話す」であればなんらかのアウトプットをしていますし、「読む」であっても一応読み進めることができるわけですが、「聞く」場合、なにも考えず吸収せず、ただ漫然と「授業」という形式の中で時間を過ごせてしまいます。そして大概の場合、こういった授業には料金・費用が発生しており、「お金を払っているのだから勉強になっている」という固定観念が働いてしまいがちです。

そのような場合に有効なのは「1対多」ではなく、「1対1」形式を活用することです。1対1であればコミュニケーションが発生しますから、ひたすら頭を働かせず時間をやり過ごすことは不可能です。

危険な状況「なんでも聞かないと気が済まない」

危険な状況として2つ目に挙げられるのが、**なんでも聞かないと気が済まない**というものです。これは恵まれた環境の方に多いのですが、学校や予備校、専門学校のような場所で学習していると、クラスメイトや先生、チューターといった周りの人に質問できる環境が存在します。質問できるという環境そのものは恵まれているし素晴らしいのですが、学習者によってはわからないことをすべて他人から教わらないと気が済まない人がいます。

先ほどの質問は非常に有効であると述べましたが、当然それにも限度があります（具体的な質問の有効的な活用法については後述します）。自分で調べればわかること、小さな努力で補えることを質問したり、それこそ他人に聞いた方が時間がかかって非効率になることを質問したりするのは、もはや思考の放棄です。勉強とはただ特定の分野の知識を蓄えるだけでなく、その知識（情報）の扱いを通じて、思考力や論理力を鍛えることです。それなのに他人から情報を与えられるだけで勉強を成立させようというのは、非常に危険な考えです。

本人からすれば真っ当に勉強している気になっているので、これは場当たり的な方法で解決するのは難しいといえます。仮に受験勉強のような1日1時間を大幅に上回るような勉強であっても、毎日質問しているようであれば注意が必要です。

危険な状況「『聞く』勉強の割合が大き過ぎる」

最後に指摘するのは「聞く」勉強の割合です。勉強というのは最終的には自分が手を動かしたり、覚えたりすることで、なんらかの能力を身に付けるものです。「聞く」という行為は話してくれる人間が用意したレールに乗って勉強を進められるという気軽さや安全性があるぶん、それとは別に自分で手を動かす時間、覚えるべきこととしっかりと向き合う時間が欠かせません。受動的な勉強のすべてを否定はしませんが、能動的な学習も必要であるということです。

とくに受験や資格試験といったフォーマットが決まった学習の場合、一般的には「講義を聞いて理解」→「自分で演習」といったプロセスを想像する方が多いのですが、これらは必ず並行してこなすべきです。講義の活用方法は後述しますが、手を動かしてなにかを身に付けるというのは、みなさんの想像以上に時間がかかることであり、これに早期に着手しないと後々「間に合わない」ということになりかねません。

LOGICAL LEARNING METHODS 04

ロジカルに「聞く」なら準備がすべて

さて、これまで「聞く」という勉強方法についていくつかの側面から触れてきました。他の学習と異なり、「聞く」勉強には意外とリスクが存在するため少し前置きが長くなってしまいましたが、ここからは具体的なロジカルに「聞く」勉強法について解説していきます。

まず、ロジカルに「聞く」とはどのようなことなのかを定義してみましょう。本書では既に何度も登場している表現ですが、**ロジックとは「ある程度多くの人が理解できるように、説明を順序立て、分解すること」**であると述べてきました。この定義はどちらかといえば「伝える側」の視点に沿ったものであり、「聞く」という「受け取る側」の表現になっていません。これを聞く側の視点に沿って表現を変えるなら、**「説明を理解するために順序・分解の視点を利用しながら聞くこと」**となります。つまり、聞く際にストーリーロジックやストラクチャーロジックを利用するというわけです。

しかし、ここで問題が発生します。万が一、伝える側の人間がストーリーロジックやストラクチャーロジックに配慮せずに無秩序に説明を行ったらどうなるでしょうか。「万が一」と書きましたが、みなさんもそのような説明と残念ながら出会ってしまった経験は少なからずあるでしょう。書かれた文章や図表などの動かないものであれば、時間をかけて整理してあげることは可能ですし、それはここまで進んできたみなさんならできるはずです。けれども音声でそれをされてしまったら、ロジカルに聞くのは困難であると言わざるを得ません。

その状況に陥るのを回避するためには、もちろん予め説明の上手な人から話を聞くようにするという防御策もありますが、話す人間も台本を読んでいない限りは万能ではありません。ですからみなさん自身が、混乱しないための防御策をとらなければなりません。それが、「事前の準備」です。みなさんの慣れ親しんだ言葉を使うなら、**「予習」**と呼んでもいいでしょう。

「聞く」状態に入る前に、すべき準備は全部で3つあります。**「読む」「構造化する」「穴を見つける」**です。「読む」というのは文字通り読むわけです。「聞く」状況が1対1であれ、1対多であれ、そこには学習すべき教材が存在しています。まずは「聞く」状況に備えて、その対象範囲を読みましょう。そして読んだ内容を構造化します。まさに第2章で解説したロジカルに「読む」の実践です。教材の中には文章や図表が存在するでしょうから、それぞれを整理してあげるのです。最後に、**構造化した時にわからなかったところ、もしくはそもそも構造化が困難だった部分を発見し、教材の中で強調しておきましょう。**色を付けるでも目印を付けるでもなんでも構いません。その強調した部分が、みなさんがしっかりと「聞く」べき場所ということになります。

その際に注意すべきことは、わからなかった部分に対していちいち悩んだり、大量の時間を投下したりしないということです。前述の通り自分でわからない部分を調べて、それで理解に至るのであれば「聞く」ことは不要です。その分野・レベルについては既に自身で学習を進めていくことができる状態になっていますから、「聞く」勉強よりも「読む」勉強をベースにした方が効率がいいでしょう。逆に、構造化してわからないところが出てきたけれど、調べてもイマイチわからない段階だからこそ、他人の話を「聞く」ことに価値があるわけです。

少し余談になりますが、私が出会った高校生の生徒さんで非常に真面目な方がいました。彼女は毎回とある予備校の授業に出る前に予習をして、授業中に解説される問題をすべて答えられる状況に仕上げて授業に参加していました。素晴らしいことです。しかし予習の段階ですべての問題を自学自習できるなら、もうその授業は必要ないのではないかと私が問うたところ、こんな会話になりました。

小林「予習で勉強できるなら、授業はもう出なくてもいいんじゃない？」

生徒「予習する際には参考書で調べています。自力だけでは解ききれないから、予備校の先生の解説を聞きに行きます」

小林「調べたら理解できるけれど、自力ではできない。だからこそ、問題集などで練習するという考え方はどうかな？」

生徒「確かにわかります。しかし先生の解説はとてもわかりやすいので、参考になります」

小林「説明が上手な先生はいいよね！　私も尊敬する先生が何人もいるよ。では、その先生の問題集とその先生の授業の解法は全然違うのかな？」

生徒「いえ、そういうわけでは……」

小林「うんうん。きっといい先生なんだね。ちなみに、その参考書って答えだけ見たら点数（学力）って上がりそう？」

生徒「さすがに自分で解かないとダメだと思います」

小林「そうだね。解説だけ見ていたらダメなんだよね。でも、授業前に問題を解いて、解説を聞きに行くなら、問題集をやるのと同じだよね？」

生徒「あっ……」

もちろん、授業に参加することはモチベーションアップや競争意識を持つといった、単純に勉強効率だけでは語れない側面もありますから、即座に講義に出席する必要がないと断定することはできません。しかし彼女の場合、実は講義をたくさん受けており、予備校の予習復習以外の勉強はほとんどできていませんでした。その中で一部の授業については予習の段階で自学自習（独学）ができていました。既に述べた通り「聞く」行為の有効性は、独学をしても補いきれない点を効果的に吸収するための行為ですから、彼女にとってこの講義は必要なかったと判断できるのです。

今回はわかりやすい高校生の例を挙げましたが、これを一般化して考えていただければ事前準備の重要性をより理解いただけるでしょう。事前準備ができていなければ理解不足に陥りますし、準備段階で十分学習できるのであればそもそも「聞く」必要がなくなります。そういった試金石的な意味でも、**「聞く」際には事前の準備がすべて**といっても過言ではありません。

LOGICAL LEARNING METHODS 05

80：20の法則の応用

「聞く」勉強における事前の準備の重要性についてはご理解いただけたと思いますが、予習していたらわからないことがあまりにもたくさん出てきてしまう人がいます。もちろん予習をして重点的に「聞く」部分を明らかにしたり、適宜質問をしたりして解決すればよいという基本は理解していても、勉強しているとすぐにわからないことが出てきてしまう方は意外と多いものです。

どのような分野であっても勉強においては一定の前提知識が求められます。教材の形式は問わず、その教材が意図する「このくらいのレベルの人をここまで到達させよう」というターゲットが存在します。ですから、勉強していてあまりにも自身の理解が及ばない場合はそもそも教材と現在の自分の知識・学力がマッチしていない可能性が高いです。その際は教材の再考も検討すべきです。しかし「既に相当基礎から始めているけれど困っている」とか「環境的に授業や教材を変更するのが難しい」という方もいらっしゃるのが現実です。

そういった方にお伝えしたいのが「パレートの法則」という考え方です。パレートの法則というもの自体は経済学の理論であり、「全体の数値（成果）の大部分は、全体からすると一部分の要素が生み出している」というものです。80：20の法則やばらつきの法則という呼ばれ方もしますが、要は「会社の売上の8割は、従業員のうちの2割の人間が生み出している」とか「仕事の成果の8割は、費やした時間のうち2割の時間によってもたらされている」という考え方です。パレートの法則自体は非常に有名ですし、インターネットや他の書籍でもさんざん説明されつくしているので、これ以上ここで述べません。要は勉強においても、**「覚えるべき知識が10個あってもそのうちの2個が重要である」というイメージ**を持っていただければ十分です。

しかしパレートの法則が勉強の場面で登場し説明されると、違和感を抱く人がいるかもしれません。もっと極端に言えば「嘘ではないか」と思っている人も多いのではないでしょうか。みなさんが受験生のころ（もしくは現在受験生かもしれませんが）手にした英単語帳の2割だけ暗記すればよかったでしょうか？　もしくは数学の参考書の2割程度を理解できれば入試でまずまずの点数をとれたでしょうか？　答えはもちろんNOです。それどころか単語帳や問題集は何周もこなして完璧（10割）にしなさいと指導されたと思います。

なぜこの矛盾が生じてしまうのかといえば、80：20という考え方をなんにでも無理やり当てはめようとするからです。試験が絡む勉強は、人を選抜するために試験を行うのであり、重要な2

割だけを出題していたら受験者の差がつかないので試験としては意味がないものになってしまいます。基礎から応用までのバランスを最適化し、受験者の中で「差」が生じるように工夫しているわけです。そのため勉強の範囲を10としたときに2の範囲だけではダメなのです。

このパレートの法則の考え方は「自分自身」に適用することで有効なものだと考えています。今目の前に10個の「わからないこと」が並んでいた時に、「10個全部理解できないともう終わりだ！」と考えてしまうのではなくて、その中で重要そうな2〜3個をまず理解する。その2〜3個がクリアできたら、わからないことをまた10個書き出して2〜3個選ぶ、ということを繰り返していけば、ゆっくりではありますが確実にレベルアップすることができます。

もう少し一般化して述べるならば、「重要なもの以外を捨てる」という考え方ではなく**「優先度を設定する」**という考え方を採用すればいいのです。もちろん「捨てる」という考え方そのものが悪だというわけではありません。経営や仕事、あるいは上級者の勉強において「捨てる」という考え方が重要になる場面があります。しかし、とりわけ勉強においては「理解ができている状態で捨てる」ことと、「わからないまま捨てる」ことは天と地ほどの差があります。戦っている敵のことがなにもわからないのに、その戦場を放棄していいはずがありません。

LOGICAL LEARNING METHODS 06

適切な答えが返ってくる問い

事前の準備を行うこと、わからないことが大量にある場合は優先度を設定することを前提として、具体的に「聞く」場面で行うべきことを、より具体的な手法に落とし込んでみましょう。既に説明した通り、「聞く」場面は「1対1」のケースと「1対多」のケースが発生しますが、どちらかといえば1対1の方が多少能動的、1対多の方が受動的と言えます。1対1であれば質問をしに行く場面や、個別レッスンの場面、1対多であれば講義を受ける場面を想像できると思います。まずは1対1の場面から考えてみましょう。

1対1の場合には自分で自由に質問できるというのがメリットです。もちろん、質問ができたとしても無駄な質問をし続けるのは時間の浪費ですから、適切な問いを立てることが重要です。では「適切な問い」とはなんなのかと言えば、**「適切な答えが返ってくる問い」**に他なりません。このように書くと「答えがわからないから質問しているのに、事前に適切な答えが返ってくるかなんてわからない」と言われてしまいそうですが、そんなことはありません。仮に具体的な答えを想像することが難しい状況でも、答えが適切に返ってくるか否かは事前に予測することが可能です。

質問をする際に気をつけるべきこととして、しばしば登場するのが**「オープンクエスチョン・クローズドクエスチョン」**と**「5W1H」**です。オープンクエスチョンは、答える人間が自由に答えられる質問であり、クローズドクエスチョンは基本的にイエス・ノーでしか答えられない質問です。また、5W1Hとは、WHO（だれが）、WHEN（いつ）、WHERE（どこで）、WHAT（なにを）、WHY（なぜ）、HOW（どのように）という6つの要素を示す言葉です。質問だけに限りませんが、これらを意識して文章を書くことでわかりやすくなり、質問が明確になると言われています。下記にそれぞれの例を挙げますので見てみましょう。

オープンクエスチョン・クローズドクエスチョン

①あなたのお仕事はなんですか？

↓イエス・ノーでは答えられず、答える人間が内容を考えて返答することになります。すなわちオープンクエスチョンです。

②先週の日曜日にスーパーに行きましたか？

↓イエス・ノーで答えられるので、クローズドクエスチョンです。

5W1H

①最初に部屋に入ったのは誰ですか?

↓「だれが:WHO」を尋ねています。

②なぜ今日の打ち合わせに遅れてしまったのですか?

↓「なぜ:WHY」を尋ねています。

③このプロジェクトの目的はなんですか?

↓「なにを:WHAT」を尋ねています。

以上のように「オープンクエスチョン・クローズドクエスチョン」と「5W1H」に気をつけることで、そもそも自分がなにを聞きたいのか明確化することができます。しかしそれはあくまで質問の形式に過ぎず、本質的に適切な答えが返ってくる質問の準備にはなりません。これらの質問の形式に加えて、**その質問を行う「目的」をはっきりさせ、「具体化」を図ることが重要**です。そ

図18　ストーリーロジックとストラクチャーロジックで可視化する１

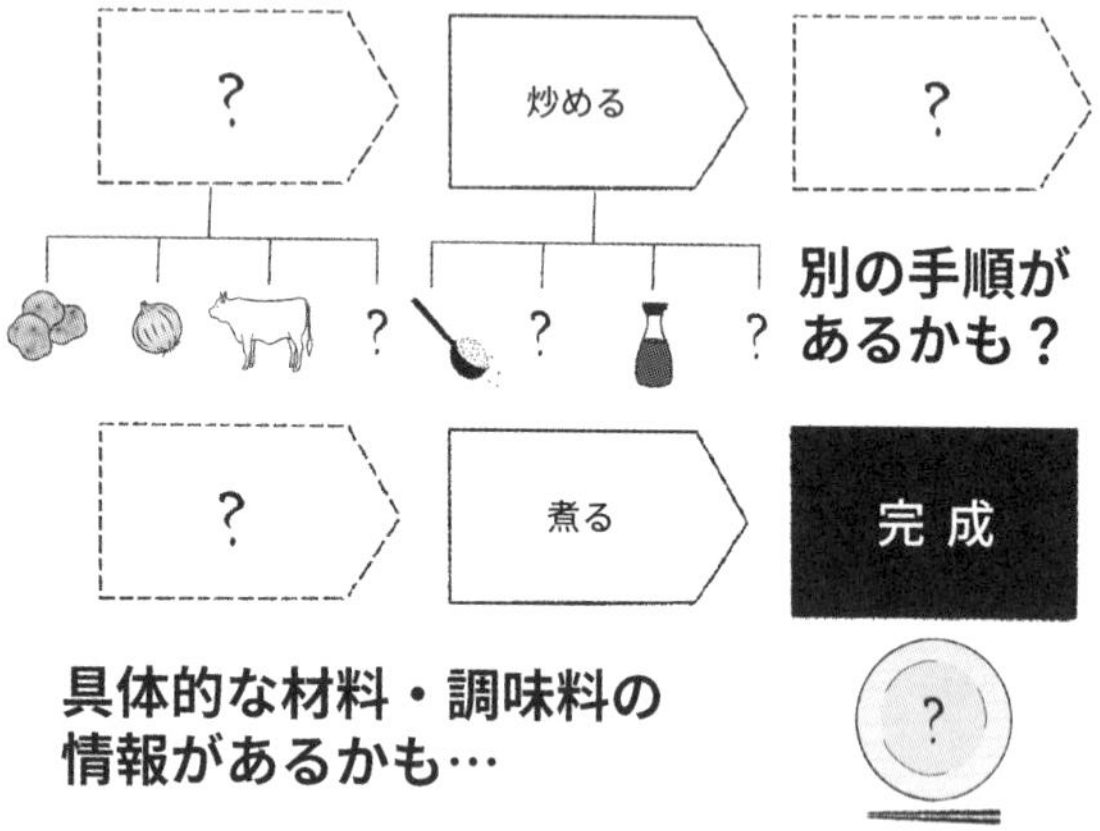

して目的や質問の具体化を図るために、これまでに学んだストーリーロジックやストラクチャーロジックを用います。

そこで、質問を行う際の事前準備として質問の目的を明確にし、質問を具体化するためのシミュレーションをしてみましょう。今回は例として、料理をつくることを考えてみます。

仮に肉じゃがをつくる時に「鍋で食材を炒め、煮る」ということしかわからなかったとしましょう。もしみなさんがこの当事者であれば、さすがにこの手順だけではとても料理が完成するとは思えないでしょう。なにか別の手順が含まれ、具体的な材料・調味料の情報が入ってくることは多少なりとも想像がつきます。その場合、みなさんの頭の中をストーリーロジックとストラクチャーロジックで可視化すると、図18のようになっている

図19　ストーリーロジックとストラクチャーロジックで可視化する2

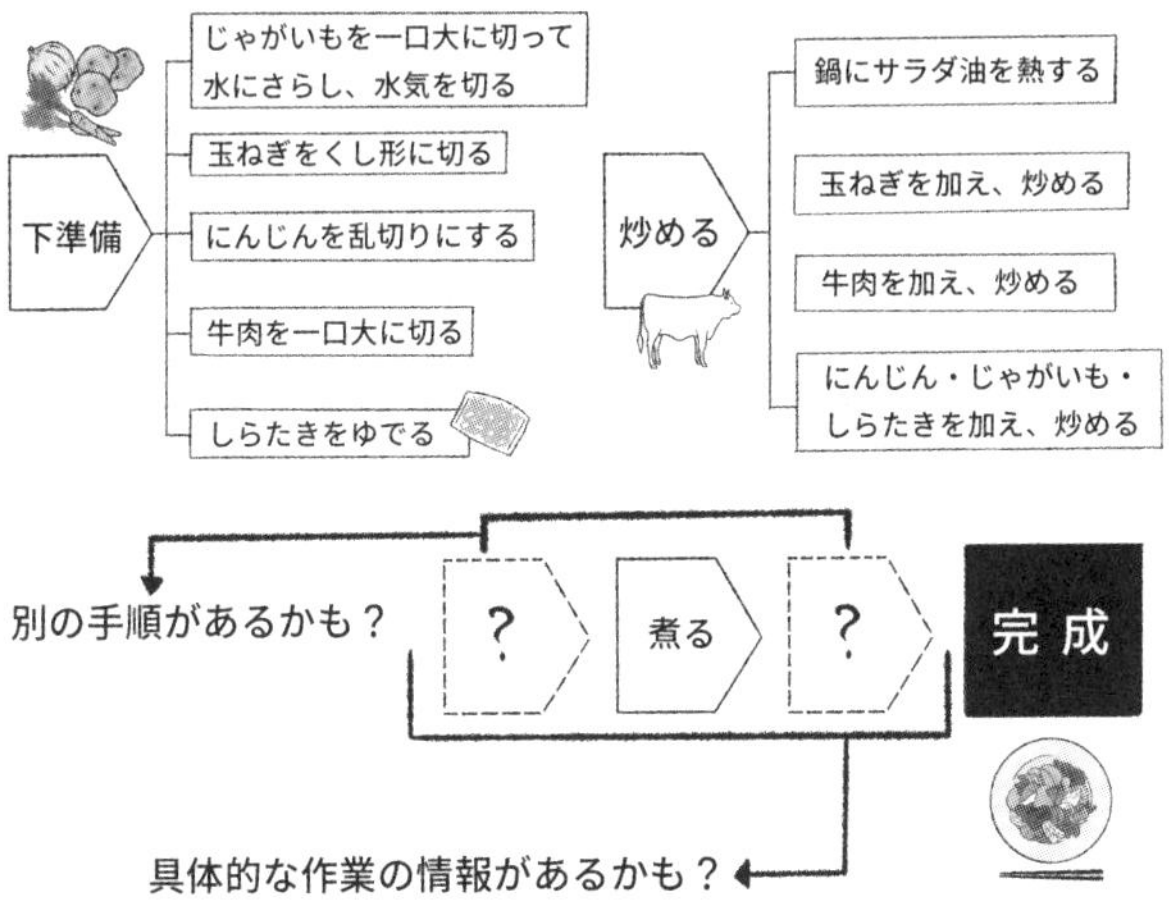

はずです。↓図18

　実際の勉強でも、まずこのように構造化してみることが大切です。もちろん、図の空白の部分は「可能性」として想定しているだけで、初めから「ここになにか入る」とわかっているわけではありません。

　次に「予習」を行います。今回は予習の結果、利用する食材や炒める手順が具体的になったと仮定し、可視化してみます。↓図19

　予習をしてもまだ必要な情報がありそうですから、ここから質問を行うことを決断します。逆に、この時点で情報を網羅できていれば質問を行う必要はありません。そのうえで、質問をする目的を設定します。この場合は「手順の漏れを確認し、『煮る』周辺の手順を具体化する」こととなります。

図 20　質問の整理

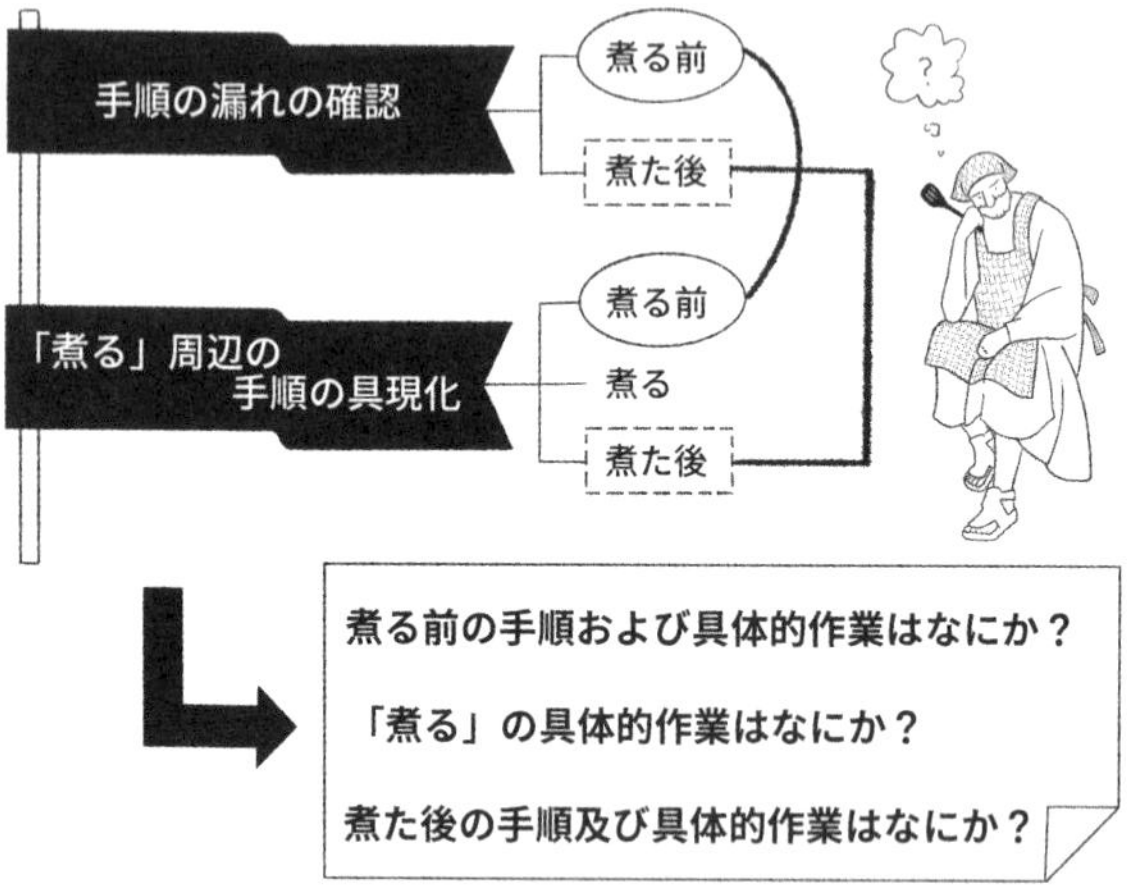
手順の漏れの確認
煮る前
煮た後
「煮る」周辺の
手順の具現化
煮る前
煮る
煮た後
?
煮る前の手順および具体的作業はなにか？
「煮る」の具体的作業はなにか？
煮た後の手順及び具体的作業はなにか？

状況に応じて具体化が不要な場合もあれば、手順は既にわかっていて、具体化だけしたいというケースもあります。そして、この目的に基づいて、質問を具体化すると、以上になります。↓**図20**

手順そのものの有無で2つの質問、手順の具体化で3つの質問が登場します。合計5つの質問としても構いませんが、同じ手順ごとにまとめ直すことができますから、上記の通り3つの質問に集約するとシンプルです。

このように**質問の目的を明確にし、質問自体も具体的にすることで、的確な答えが返ってくることが予想されます。**後は、この質問に答えることができる人に、質問をすればよいのです。この場合であれば、煮るの前後に手順はないけれど、煮る際の具体的な作業としてだしを注ぐ、灰汁《あく》をと

図21　最終的な構造

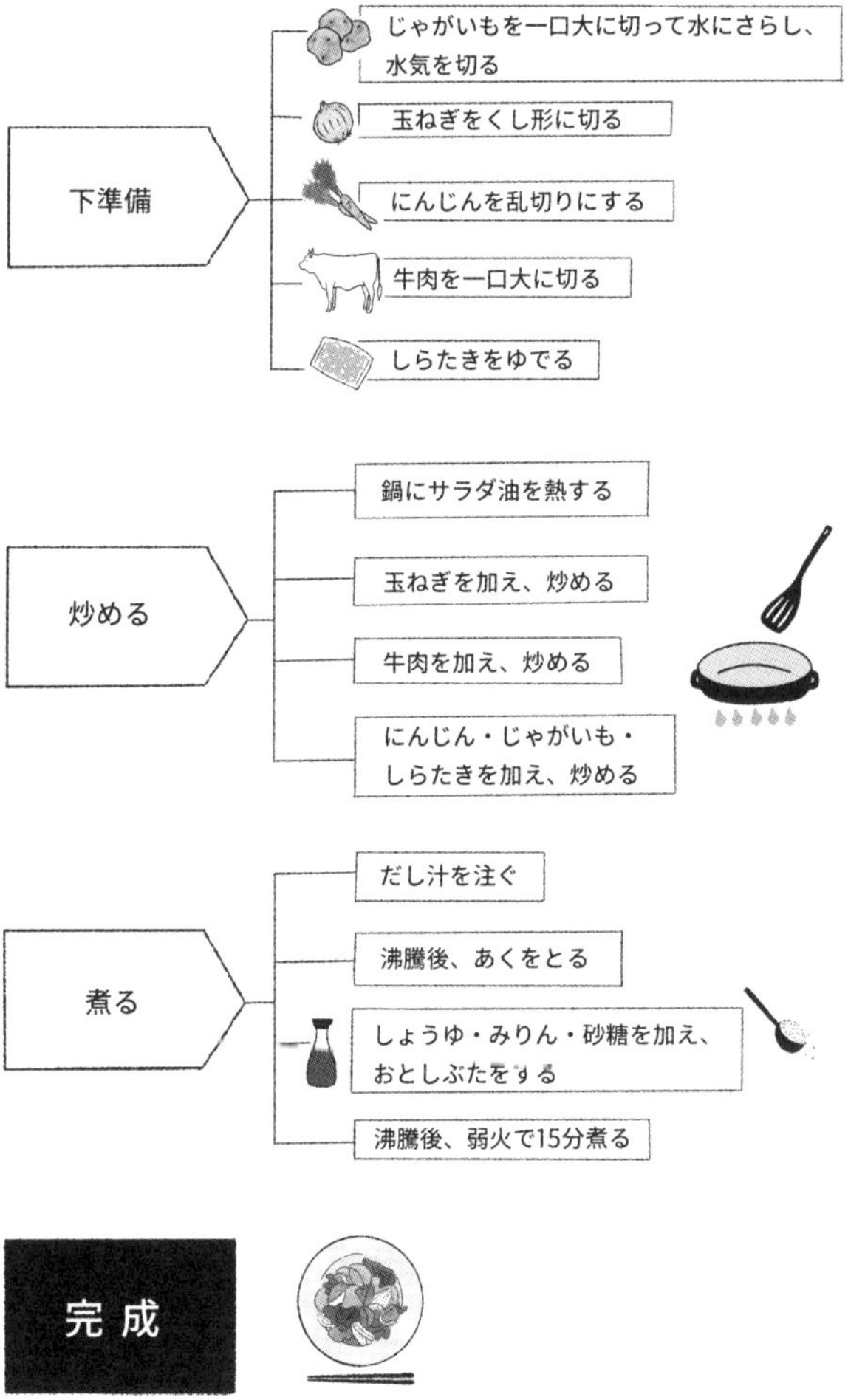
下準備
じゃがいもを一口大に切って水にさらし、水気を切る
玉ねぎをくし形に切る
にんじんを乱切りにする
牛肉を一口大に切る
しらたきをゆでる
炒める
鍋にサラダ油を熱する
玉ねぎを加え、炒める
牛肉を加え、炒める
にんじん・じゃがいも・しらたきを加え、炒める
煮る
だし汁を注ぐ
沸騰後、あくをとる
しょうゆ・みりん・砂糖を加え、おとしぶたをする
沸騰後、弱火で15分煮る
完成

る、しょうゆ・みりん・砂糖を入れるなどが判明することになるでしょう。そして最終的に「聞く」ことができた情報も、一緒に構造化しておけば後の学習にも役立つことは間違いありません。

やはり重要な点は「準備が大切」ということです。質問を行う際になんとなく人に聞くのは簡単ですが、適切な答えが返ってこない質問をするのは時間を無駄にします。しっかりと準備をすることで質問の精度は高まり、結果的に少ない質問で答えにたどり着くことができます。

LOGICAL LEARNING METHODS 07

拾うべき情報・捨てるべき情報

ここまでは質問をする場合を想定して解説を行ってきましたが、次に、1対多の場面を想定してみましょう。実際のところ1対1で質問ができる環境がいつでも整っているというケースよりも、基本的に「聞く」といえば1対多、すなわち授業や講義の形式の学習を行うケースの方が多いと思います。1対多の形式の場合、直接先生や講師を質問攻めにすることはできませんが、講義で（最低限）決まった範囲を解説し、聞き手が理解するところまで持っていくことが意図されています。ですから、1対多の形式に向けた事前準備も必要になります。先ほどの例（予習が終わった段階）をもう一度見てみましょう。

この状況で講義に参加するだけでも、既にわからない部分が可視化されており、効果的に「聞く」ことが可能です。もう少し明確に疑問を把握しておく方が混乱しないのであれば、前回のように文章に落としてもいいでしょう。ただし、自分から一つひとつ質問できるわけではないので、質問を統合せず、疑問一つひとつを残しておいて、講義の中で解決するたびにチェックするイ

図22　ストーリーロジックとストラクチャーロジックで可視化する2（再掲）

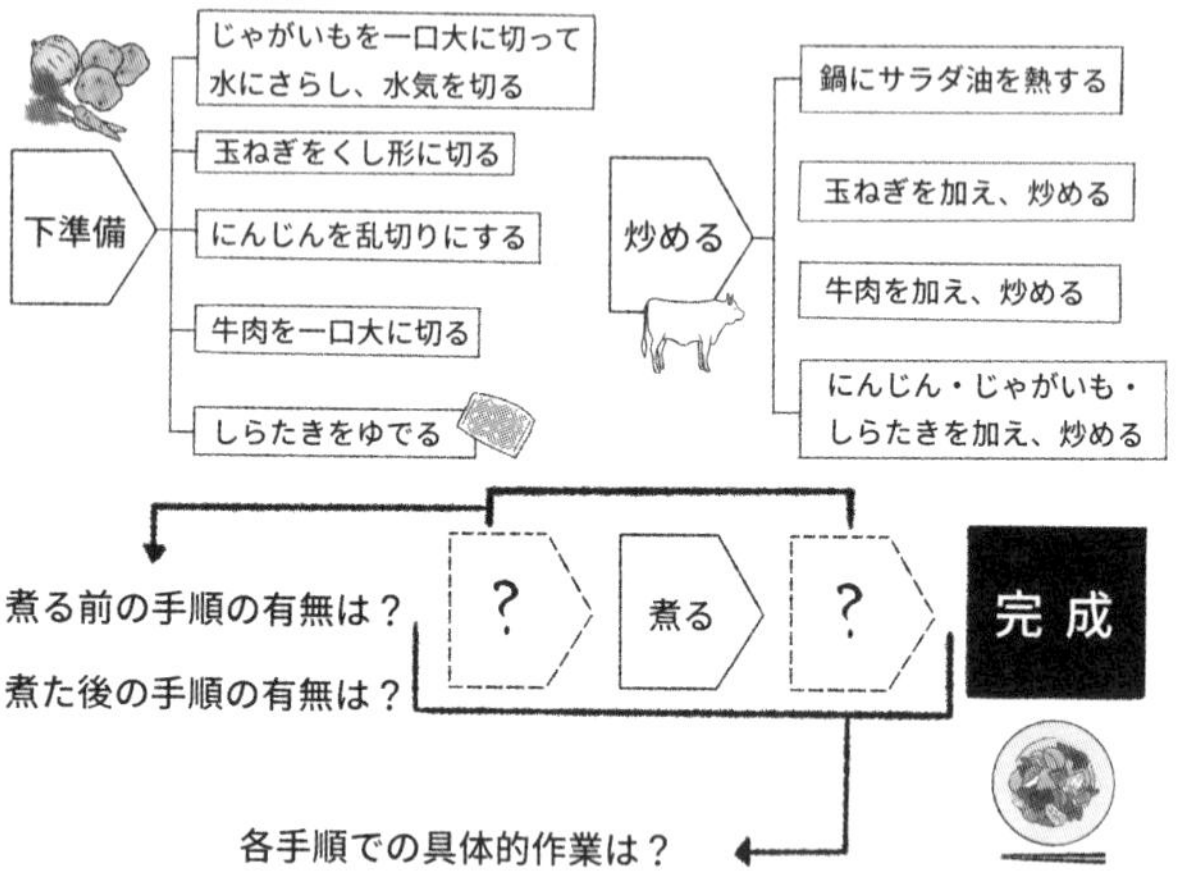

メージがいいでしょう。1対1と異なるのは、1対多は自分個人に対して解説をしてくれるわけではないので、講義を通じて疑問が残る可能性があります。そのため後から「実はわからなかった」とならないようチェック形式にしておくといいでしょう。イメージを掲載しておきます。↓**図22**

おそらく、先ほどの質問の際のプロセスを理解していれば、ここまでは問題ないと思います。ここから問題になるのは、「わかっているところをどう扱うか」ということです。わからない部分については講義に集中し、理解に努めればよいでしょうが、既にわかっている部分を講義の中でどのように扱えばよいのでしょうか。

そもそも、講義の中で既にわかっている部分が存在するのは当然のことです。講義の内容がすべてわからなかったら、それこそ講義が自分のレベル・知識にマッチしていないので、至急講義を変更するべきです。理想としてはわかっていることとわからないことが5：5、少なくとも4：6くらいでないと、その講義の理解はかなり困難を伴う場合が多いです。逆に言えば、少なくとも4～5割は既にわかっていることを講義の中で聞くわけですから、その対応策を考えておく必要があります。それは、情報の取捨選択です。

情報の取捨選択というのは頻繁に使われる言葉であり、考え方としても重要ですが、「どの情報を拾うべき」であり「どの情報を捨てるべき」か、基準を持っておくことが重要です。一般的な情報収集の場合、間違っている情報と正しい情報を区別したり、必要な情報と不要な情報を区別したりするだけで済むかもしれません。しかし勉強においては、教材に書かれていることが間違っているというケースは少なく、ほとんどの情報は正しいし、必要である場合が大半でしょう。ですからその中で、より現在の自身の学習状況に即して必要な情報を選択しなければなりません。

まず、**拾うべき情報とは「構造に関する情報」**です。自分が予習をしている段階でストーリーロジックやストラクチャーロジックを用いて構造化した内容が、必ずしも正しいとは限りませんし、講師の話を聞くことでより正しい構造に気付く可能性が大いにあります。ですから自分なりに既に構造化に成功していたとしても、講師の話を聞いておくべき部分です。むしろ1対1であれば自分の視点に合わせて講師も話してくれますので、気付きづらい「新しい視点」を1対多だからこそ知ることができる可能性があります。

逆に、**捨ててしまっても構わない情報とは「具体的な答え」**です。勉強において問題の答えは後からでも確認できる場合も多いですし、多少癖の有無はあったとしても、根本的に人によって正解が変化することはありません。予習の段階で判明しており、かつ後からも確認できるようなことであれば、その時間は必ずしも講師の話を聞き続ける必要はないでしょう。

これらを踏まえたうえで**重要なのは、結局講義そのものの取捨選択**です。新しい構造や視点に気づかせてくれる時間を提供してもらえるのであれば、それはきっとみなさんにとって意味のある時間ですし、仮に答えの確認しかしていない時間なのであれば、それは無意味な時間です。

LOGICAL LEARNING METHODS 08

聞きながらメモをとる方法

ここからは実際に「聞く」タイミングにおける所作を解説していきます。「聞く」というのは形のないものなので、それを後から確認できるように形にする必要があります。「形にする」ということは基本的に「書く」ことになるのですが、この話はあくまで「聞く」ことにおける作業なので、「書く」のパートではなく、本章で解説を行います。

さて、本章をここまで読み進めてきたみなさんは、メモのとり方の基本については実はもうかなりの部分理解できています。予習の段階で構造化に成功していれば、基本的にそれに準じて話を聞いていくことで、情報の迷子にならず「聞く」ことに取り組めるでしょう。逆に言えばそれだけ事前の準備が重要であることの再確認でもあると言えます。

しかし現実的に講義などに参加すると、事前の予習が常に完璧に働く（有効に活用される）とは限りません。本人が構造化を大幅に失敗している可能性もありますし、講師がテキストと関係

表2　接続語の分類表

分類	種類	例
【イコール】	言い換え	つまり、すなわち、言い換えれば etc.
	例示	たとえば、具体的には、いわば etc.
【因果】	順接	よって、だから、したがって etc.
	理由	なぜなら、というのは etc.
【逆説】		しかし、だが、けれども etc.
【並列】	並列	また、および、並びに etc.
	添加	そして、しかも、さらに etc.
	補足	ただし、なお、ちなみに etc.
	選択・対比	あるいは、それとも、または etc.
	転換	ところで、さて、では etc.

ない解説や話を始める可能性もあります。そして、どうやっても人間は「話す」スピードと「書く」スピードであれば「書く」方が遅い場合がほとんどなので、いきなり情報を投げつけられても、いったん整理しておけるスキルが重要です。

そこで用いるのが、みなさんが既に学んだ構造やメッセージの目印となる「接続語」です。接続語には大きく4種類あり、「イコール」「逆接」「因果」「並列」であると述べました。そして細かく分類する場合、上記のようになります。

これが登場した第2章においては、文章において「文と文のつながり」を明らかにするためのツールでした。今回は**聞いたものをどのように整理するかを考えるため、「情報と情報のつながり」という観点で接続語を用います。**かつ、メモをとる際に「しかし」「そして」「または」などと書いて

図23　接続語を記号化した例

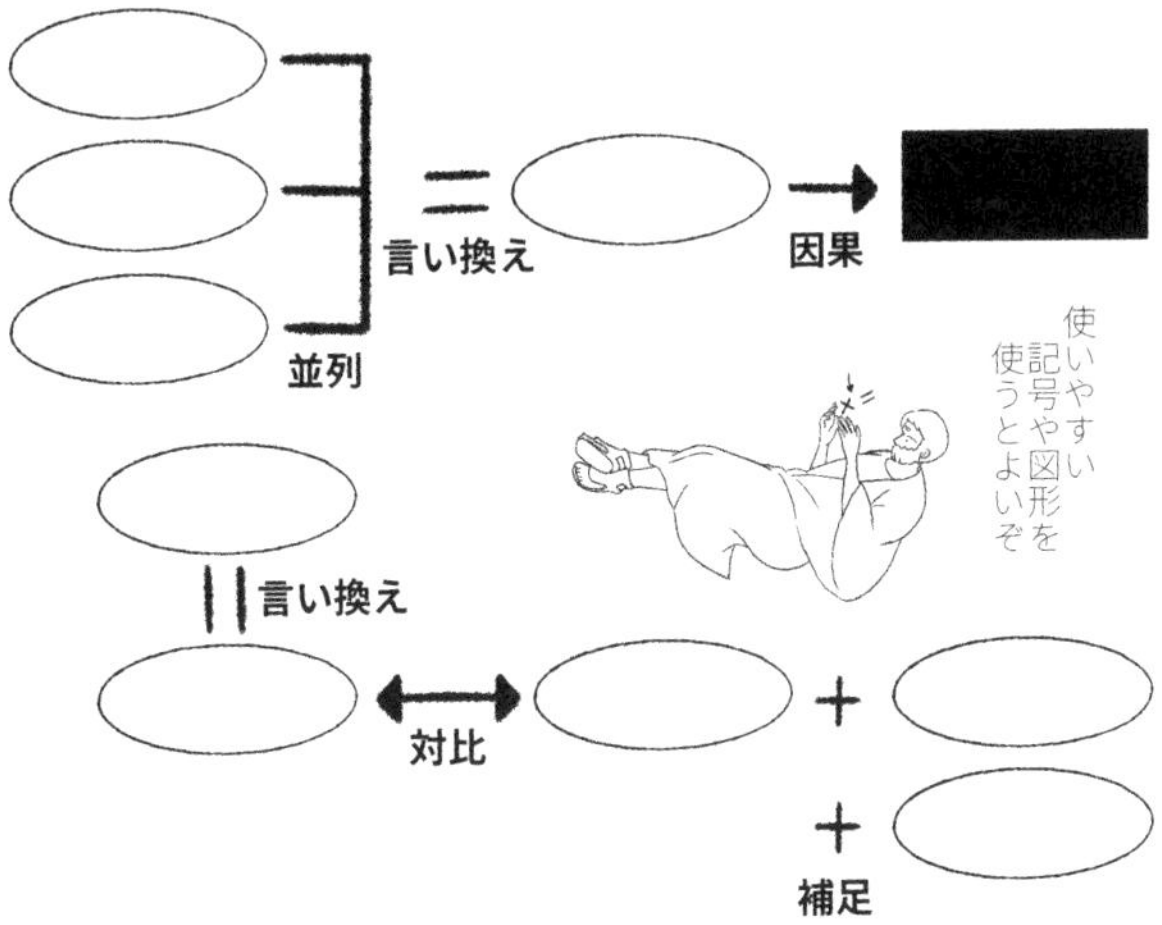

いても、後からパッと見て情報同士のつながりを見抜けるかと言えば、多少理解に時間がかかってしまいます。ですから**「初めから構造的にメモをとる」**というのが、正解です。構造の示し方に絶対的な正解はありませんが、実際に構造化を図示した事例を見てみましょう。**→図23、図24（P145）**

いかがでしょうか。文章で書き残すよりも、数段速いスピードで、しかも後から見直して構造がわかりやすい状態になっています。なお「転換」については図示を行いませんでしたが、これは文字通り話題を切り替えることなので、情報同士のつながりを断っているというわけです。そのため、図示するほど重要なつながりにはなりません。また、図形を工夫して四角と楕円を使い分けています（四角は結論部分や楕円よりも大きな粒度の時に利用）。今回はあくまで例なので、みなさんそれぞれ使いやすい記号や図形を使うとよいでしょう。なお、これらの情報のつながりは複合して利用することもできます。

注意点として、これはあくまで部分的な情報と情報のつながりを示しているにすぎないので、復習として後から全体の構造の中に組み込み直して理解することも忘れないでおきましょう。同様に、これはいざという時のメモなので、本来であれば予習段階で構造化されているべきものです。講義を聞きながら教材に書いてあることをただ可視化するだけだと、わざわざ講義に参加している意味はありません(自宅で教材を読みながら、内容を可視化・構造化してもいいわけです)。ですからなるべく予習段階で構造化をしておきましょう。

図 24　接続後を可視化した例

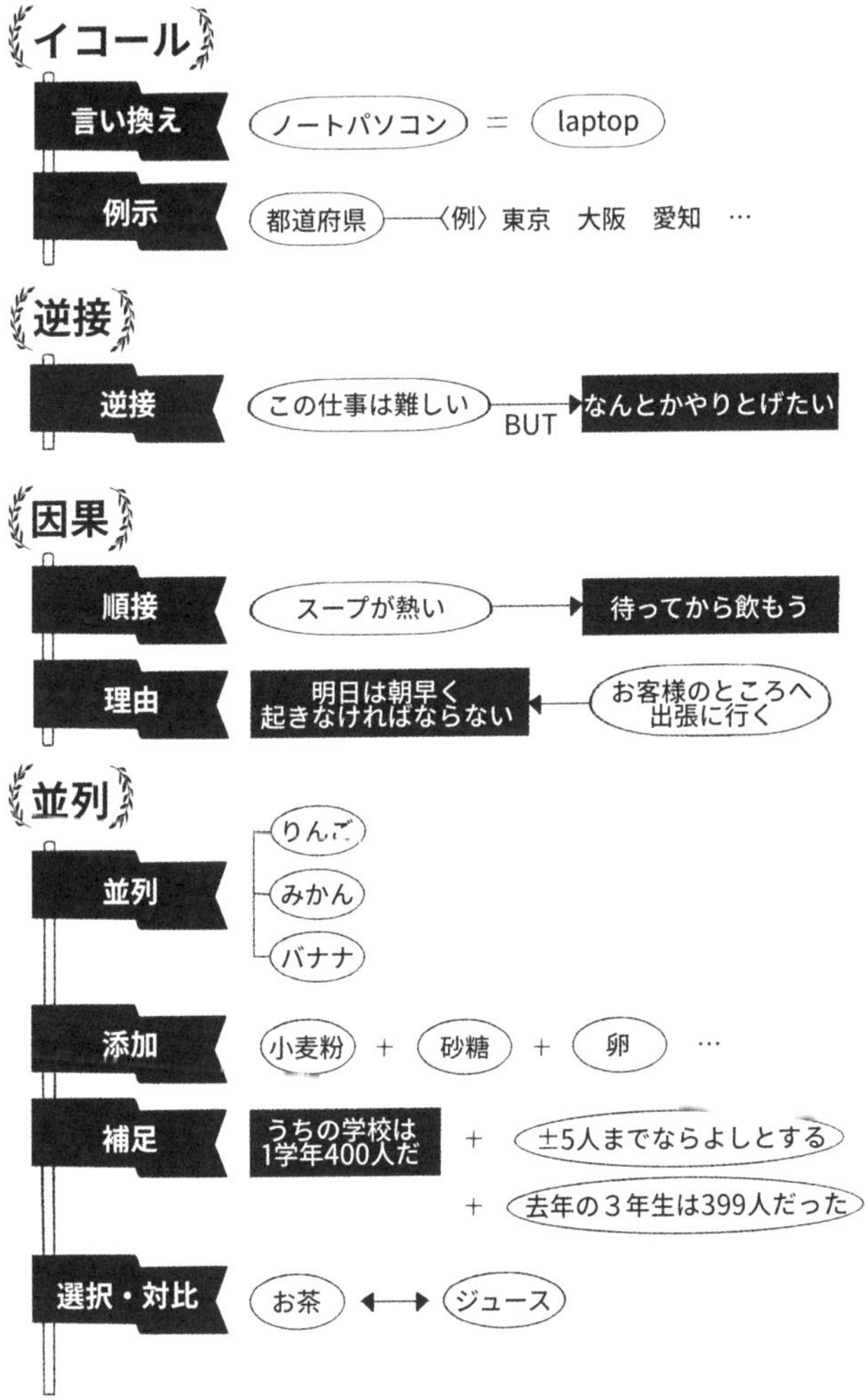

LOGICAL LEARNING METHODS 09

隙間時間と映像の活用

これまで第3章では「聞く」勉強の手法について触れてきましたが、ここで少しテクニカルな部分を補足しておきましょう。それは「映像授業」の活用です。具体的なサービス名には触れませんが、最近では映像形式のサービスがたくさん登場しています。大学受験関連の講義が有名かと思いますが、それ以外にも難関資格試験やTOEIC、企業向けの社員教育・研修などの映像授業も登場しています。

映像授業のサービスが成長する要因は2点あり、「価格が安い」ことと「時間の自由度が高い」ということです。詳しく説明する必要はないと思いますが、映像授業は一度撮影すれば同じものを全国で利用できるので、利用者の負担を下げることができます。また映像ですからリアル授業のようにどこかに集まる必要もないので、利用者の時間的制約もありません。私自身も大学受験時代、大学時代、社会人時代と、なにかを学ぶ際には映像も利用してきました。それこそ最近ではYouTubeを利用して特定の分野を学ぶこともあります。YouTubeで勉強するというと数学や英語などの授業動画を思い浮かべるかもしれませんが、そういったものだけでなく、パソコンの特殊なソフトの使い方、撮影機材の選定や利用方法・設定方法、ニュースの解説といったものまで動画で学ぶことができます。

では、こういった映像授業が万能かといえば、そうではありません。まず映像授業のデメリットとして挙げられるのが「質問ができない」というものです。もちろんサービスによっては質問ができる窓口を設置していることもありますが、口頭ではなくメールや文章形式の場合、なかなか希望する返答が得られないこともあるでしょう。同様に質問に答える人間が授業をしている人間とは限らないため、質問に答える側の理解が不十分であるというケースもあります。

さらに、映像授業の一部は「隙間時間」を活用してもらうために細切れになっているケースもあります。たとえば1つの単元を15分で説明するような場合です。これは確かに気軽に勉強できるメリットもあるのですが、時間に制約があるぶん全体の構造を理解しないまま個別の知識を詰め込んでいくスタイルにもなりかねない点で注意が必要です。そもそも15分の「聞く」勉強をするために事前に予習をすることを考えれば、15分だけ勉強する場合は「聞く」以外の方法で勉強するほうが効率的かもしれません。

このように、映像授業にはメリットもデメリットも存在します。私自身は決して映像授業否定派ではなく、むしろかなりの肯定派だと思いますが、利用する際には使い分けが重要だと思います。また映像授業を活用するサービスでも、そこに付随してコーチングを用意していたり、リアル授業と映像授業を組み合わせて提供したりと、各提供会社の工夫もありますので、よく選んで利用するのが望ましいでしょう。私のお勧めは、初学者は映像授業を活用しながら、実際に質問できる環境を用意することです。もちろん1つのサービスで完結させてもいいのですが、映像授業を利用しつつ別のサービスで個別にコーチングを受けるか、1対1の指導を受けることで、より理解が深まると思います。

LOGICAL LEARNING METHODS 10

ロジカルに「聞く」の実践

第3章では「聞く」勉強について解説をしてきました。「読む」で学んだロジカルな思考を利用しながら、事前の準備を行うことが一番の肝と言えます。今まであまり深く考えずに「わかりやすいからこの講義を受けよう」という気持ちで「聞く」勉強に接してきた方にとっては、意外と「聞く」ためには周到な準備が必要なのだということがわかっていただけたと思います。

本章の中で多少触れましたが、「聞く」行為は形に残りません。もちろん強烈な印象があれば脳科学的には記憶できる可能性が高いと言えますが、みなさんが勉強の中で触れる情報すべてをその場で覚えることはかなり困難です。ゆえに「書く」という形に残す方法もありますが、「聞く（話す）」と「書く」でいえば「書く」方が圧倒的に時間を要します。

私が開成高校時代に在籍していた弁論部では「ディベート」という競技に取り組んでいました。ディベートは主に立論（最初の主張）と反駁《はんばく》（相手の主張に対する反論）によって成り立ちますが、立論も反駁も制限時間があります。制限時間になるべく多くの要素を伝えた方が有利になるため、私もそうでしたがみんな早口でした。しかしそんな早口にまくしたてられて、相手の議論を聞き取れないと大変なことになります。ディベートにおいて「反論しない」ことは「認めた」ことと同じになってしまうので、相手の議論を逃さないように必死にメモをとります。

そこで利用するのが先ほど説明したような**「事前の準備」と「情報と情報のつながりの可視化」**です。スポーツに典型的な戦術が存在するように、ディベートでも（テーマによって変わりますが）いくつか想定できる戦術があります。それに備えて事前に情報を収集し、ロジックの型を明確にしておくことで相手の議論への理解力が高まります。同様に、突如出てきた議論や情報同士を構造化しておくことで、文章でメモするよりも圧倒的なスピードとわかりやすさが得られます。ディベートには途中に準備時間が与えられますが、数分しかないため、それこそ数秒を争う忙しさになります。このような圧倒的なスピードと情報量の処理を求められる環境で、第3章でお話ししたような技術が用いられているのです。

みなさんが普段勉強をする際も、如何せん限られた時間の中で勉強をしなければならない以上、遠回りをする必要はありません。また、実際の社会においては「一度しか言われない」「いきなり話される」ケースはいくらでも存在します。その場面で与えられた情報を逃さず、瞬時に整理するためにもぜひ習得していただきたいのが「聞く」技術なのです。

column ③ 勉強範囲で楽をしない

私が開成高校に入学して驚いたことのひとつが、周りが徹底的にテスト勉強をしていたことです。開成高校のレベルになると、学校の定期テストは適当にこなして予備校の模試で良い点をとるというイメージがあるかもしれませんが、意外にもかなりの生徒が本気で定期テストに臨んでいました。

その中でも意外だったのが、世界史の授業で配られたプリントの穴埋め箇所だけでなく、黒字で印刷された文章に出てくるキーワードまで覚えている人が多かったことです。普通なら、授業中に扱われた穴埋め部分から8割、その他から2割というように多少差をつけて定期テストは作成されますから、その8割を目指して勉強するケースが大半でしょう。しかし開成の生徒たちはみな残りの2割を正解するべく、プリントの文章を丸暗記するかのように勉強していました。

当時は赤い下敷きで文字を隠して暗記をする生徒が多かったので、穴埋め部分は色ペンで書き、キーワードも緑のマーカー（赤い下敷きを通すと黒くなる）で塗りつぶされて、ほとんど文章を丸暗記しているようなプリントを携えて勉強をしていた印象があります。当時は「そんなにやる必要あるのか?」と疑問に思っていましたが、今思えばそれも合理的だと感じます。

入試になれば結局どの部分が出題されるかわかりません。問題集やプリントで「問われている部分」がそのまま出題されることはあまり多くありません。とくに社会科目のような、知識重視の科目ではその傾向が顕著です。

その際に暗唱のごとく膨大に頭に蓄積された(整理されていればよりよいのですが)知識があれば、さまざまなきっかけで問題において問われているものを「再発見」することができます。1つの知識を想起するためのカギは多いに越したことはありませんし、1つのカギが他の扉にも適応できるのが知識ですから、楽をせず、**「全部覚える」という心構えと覚悟**が後の勉強の成果につながってくるのです。

第4章

ロジカルに「書く」

LOGICAL LEARNING METHODS 01

ペンは剣よりも強し

私の出身高校である開成高校には「ペンは剣よりも強し」という記章があります。これは、19世紀のイギリスの作家・政治家のE・B・リットンの言葉であると言われ、開成を象徴するものとして校章にもなっており、見たことがある方もいらっしゃるかもしれません。

この「ペンは剣よりも強し」という言葉は、「どんな力にも屈することのない学問・言論の優位を信じる」という精神を表していますが、「学問」を表現するために「ペン」というイメージが用いられていることは非常に興味深いことです。この言葉はもともとイギリスの格言ではありますが、「ペン」という表現に違和感を抱く人は少ないでしょう。それだけ、勉強において「書く」という行為が自然なものであり、みなさんにとってもなじみ深いものであるということです。

実は、みなさんは「書く」という行為の繰り返しから勉強をスタートしているはずです。小学校に入ると、最初にひらがなを「読める」ようになった後は、ひたすら「書く」練習です。もちろん最近のお子さんは就学前に読み書き計算までできる子も多いと伺いますが、学校という場所にこだわらなければきっと「書く」練習から勉強をスタートしている点は相違ないでしょう。要はそれだけ「書く」ことが重視されており、それは間違っていないと思います。

もちろん**「書く」ことは重要であり、4技能の中においても唯一「形に残る」学習としての役割を担っています。**たとえばみなさんがこれまで受けてきた義務教育や高等教育のほとんどが「書く」という形式の授業です。最近ではアクティブラーニングの登場などで若干変化はありつつも、先生が話したことを「聞く」とかみんなで「話す」（議論する）よりは、伝統的な「先生が黒板に書いたことを自分のノートに書き写す」という学習がまだ多いのが実情です。

しかし問題となるのは、どうやって書くといいのか、どのように「形に残す」と後から復習しやすいのか、といったことをまったくと言っていいほど習わないことです。これだけ勉強時間の中で「書く」ことを続けているのに、その方法論を知らないというわけです。そう言われてみると、「確かにヤバいかもしれない」と思う方もいるのではないでしょうか。実際、「書く」ことに秀でている人は誰かに習うというよりも、自分なりの方法で「書く」コツを身に付けていますが、多くの方はなにもわからないまま「書く」行為に時間を割き続けています。

本書における解説の目的は、勉強の際に効率的に理解したり、後で読み返した時にわかりやすくすることですので、勉強において実践的・実効的な「書く」方法論をお伝えします。

LOGICAL LEARNING METHODS 02

いつ「書く」のか？

私たちが子どものころは常にノートになにかを「書く」ことが勉強になると考えていました。先生の板書を写し、教科書や問題集の内容を写す。これらの行為こそが勉強であると思われていた時代がありました。しかし実際には学習内容が頭に入っており、アウトプットできる状態、もしくは瞬時に理解に至ることができる状態がゴールなのであり、美しいノートを作成することがゴールではありません。そのため大学受験や資格試験の暗記事項については「繰り返しやって頭に叩き込む」ことこそが最短ルートであり、毎回ノートを作成していては効率が悪いという論調も存在します。私自身も生徒さんを指導する際にはそのような方法を実践してもらうことも少なくありません。

では、勉強において本当に「書く」べきタイミングとはいつなのでしょうか。それは明確に、**「後から読み返す」ための情報が必要なタイミング**であると言えます。4技能の「読む」「聞く」「書く」「話す」において、「書く」は唯一形に残すことができる勉強です。そして形に残せることは大変なメリットであると言えますが、一方で情報の処理に時間がかかってしまうことも事実です。たとえば適当に目についた新聞記事を読むスピード、聞くスピード、話すスピードと、書くスピードでは圧倒的な所要時間の差が発生します。ですから、時間をかけてでも「後から読み返す」必要があるものに、「書く」行為を当てはめるべきなのです。

さらに「後から読み返す」際には大きく2つの状況に分けることができます。ひとつは**端的な情報の保存であり「忘れないため」や「思い返すため」に書き残しておく**ことです。もうひとつは**構造的な情報の保存であり「理解するため」「情報同士を結びつけるため」に書き残しておく**ものです。

「忘れないため」に書く際にはなるべく効率的に書いていく必要があります。後から見直した際にすぐに確認ができるよう、短い文章でまとめる形になります。長文でダラダラ書いて、後から見直しを行う時に時間がかかってしまうようでは、目的は達成できません。

「理解するため」に書く際にも長文でダラダラと書くよりも、構造化してまとめておいたほうがよいでしょう。「読む」でも解説した通り、構造化されたものは理解の精度・スピードが高まります。後から読むことを前提にして書く以上、構造化からは逃れることはできませんし、無駄に文章を連ねるだけでは「書く」ことの費用対効果が非常に低いものとなるでしょう。

また「書く」というのは自分自身に限らず、誰かに読んでもらうケースもあります。勉強では機会が多くないかもしれませんが、仕事で他人に伝える時には「書く」機会は意外と多いものです。端的に情報をまとめ、しっかりと構造的に可視化された情報を伝えることができれば、コミュニケーションのスピードと精度は格段に高まります。その意味ではみなさんの仕事術にも活用できる内容ですので、ぜひ理解を深めていただきたいところです。

LOGICAL LEARNING METHODS 03

作品ではなく、パーツをつくれ

「書く」タイミングについてご理解いただいたうえで、次に重要になるのは「書く」ことに対する心構えです。普段から「書く」ことに慣れ親しんでいるみなさんからすれば、「いまさら心構えと言われても……」という気持ちになってしまうかもしれませんが、これが案外重要です。

既に何度か申し上げている通り、「書く」行為には時間がかかります。昔はそれこそノートに手で書くというのが当たり前の時代でしたから、人によって「書く」スピードは大きく異なりました。最近は実際にペンをとって「書く」という機会が減っており、それこそパソコンやスマートフォンで「書く」機会が増え、多少個人差が埋まってきているとも言えますが、それでも4技能における情報の処理に最も時間がかかってしまうことには変わりません。

本書において私たちが目指すのは勉強における「書く」という行為です。文章として素晴らしい論説文や小説を書き上げることを目指しているわけではなく、勉強を最大に効率化させるために書かなければなりません。その意味では文章として完成された「作品」を目指すのではなく、**勉強するために効率的にまとめられた情報の「材料」を用意するために書く**のである、という意識を持たなければなりません。

少し例で考えてみましょう。小説などの作品をつくる際には筆者の頭の中にインプットされた（もしくは頭の中で育まれた）アイデアや構想を、文章という形で加工し表現します。これはいわば、自分の畑の中であらゆる種類の野菜を育てたり、面白い食材をお店で買ってきたりして（アイデアや構想の収集）、それを独自の方法で料理して（文章で表現）お客様に出すわけです。

一方、勉強における「書く」という行為は必ずしもゴールではありません。むしろ勉強の過程においては次の学習（インプット）につなげるための材料であると言えるでしょう。先の例であれば、「書く」ことは料理に当たるのではなく、むしろ畑の野菜を育てる方に合致します。本物の野菜であれば多少不格好なものもかわいらしいかもしれませんが、情報が不格好では後で加工できませんから困ります。ですから、畑の中で育てる段階で、後から組み立てる機械のパーツや部品のようによい形で育てておく必要があるわけです。

そしてこの**「パーツ」や「部品」という考え方が、「書く」勉強においては最も重要**なのです。通常書いて勉強しようとすると、多くの人は一定の学習範囲を「まとめよう」という意識で書き始めてしまいます。しかし残念ながらその行為に大きな意味はありません。まとめることが目的であれば、正直に言って教科書や参考書、専門書の方が数段優れています。それこそその分野で功績のある方が、推敲や打ち合わせを重ねてつくったものこそが私たちの教材なのであり、勉強途中の人間が30分や1時間程度ノートに書いても到達できる領域ではないでしょう。

重要なのはあくまで**「情報の一部分をパーツにしておく」ということ**です。後で組み合わせたり、分解したり、もしくは整理整頓したりしやすいようになるべく情報を細かいまとまりで「区切る」という意識です。教科書や参考書、専門書だけでは理解が及ばない「部分」、記載が十分ではない「部分」を補うように、**情報を部品として残しておくということ**です。そうしなければいつまでも「書く」ことができるので、身にならない時間をずっと過ごし続けることになりかねません。

LOGICAL LEARNING METHODS 04

2つの「書く」を身に付ける

勉強においては「書く」べきタイミングは「忘れないため」そして「理解するため」であること、そして情報のパーツをつくるように書いていく、ということをお伝えしました。そしていよいよ、「書く」方法論の解説に入っていきます。

既に本書をここまで読み進めていただいたみなさんの中には想像がついている方もいると思いますが、「構造化」がひとつのキーワードです。そしてこのキーワードが登場した以上、ストーリーロジックやストラクチャーロジックを想起することも可能だと思います。ご想像の通りで、それは間違っていないのですが、「書く」においては大きく2つのパターンが存在することを理解していただきたいと思います。

まず**「箇条書き」**です。箇条書きは文章を連ねて書いていくのではなく、情報を区切り、細かく区分けして書いていく手法です。箇条書きという表現方法の存在を知らない方はほとんどいないと思いますが、大抵の方はこれを上手に活用できているとは言えません。箇条書きの中にいかにストーリーロジックやストラクチャーロジックの考え方を入れ込んで活用するか、そして箇条書きならではの「因数分解法」や「言葉の選び方」(詳細後述)を理解することで、端的な箇条書きの中に圧倒的な情報量を盛り込み、忘れないためのパーツを構成することができます。

もうひとつが**「パワポ化」**です。「パワポ」とはマイクロソフト社が提供するオフィスソフトの「パワーポイント」の略称です。大学生の方であれば聞いたことがあるでしょうし、社会人の方であれば実際に見て、使ったことがある方が大半だと思います。「パワポ化」と言われると、「今からパソコンを立ち上げてパワーポイントの練習?」と想像してしまうかもしれませんが、そうではありません。

ではどうするのかと言えば、「書く」時の表現方法として、パワーポイントのように図を利用して構造化を行うのです。言い換えれば「図」とか「イラスト」とも呼ぶことができますので、お好きなように呼んでいただいて結構です。要は、「読む」のパートで学んだ構造を可視化する作業(ストーリーロジック・ストラクチャーロジックの活用)を、より「書く」に特化して行うと考えていただければ大丈夫です。その中で、パワポ化ならではのテクニックを理解いただければ、勉強の効率が高まるだけでなく、仕事にも生きるスキルになることをお約束します。

さて、このように説明すると「論理的な文章の書き方が知りたかった！」とか「文章の書き方は教えてくれないのか！」と言われてしまうことがあります。先ほども説明した通り勉強に必要なのは第一にパーツですから、初学者がいきなり長い文章を書くという状況は稀です。とはいえ、長い文章を書きたいという熱心な気持ちが存在することも無視できませんし、長い文章を書くのであれば、それ相応の技術が存在します。しかし、自身が情報の整理整頓ができていない状況で、いきなり長い文章を論理的に、精緻に書くことは不可能です。

逆に、情報のパーツをきちんと整理して把握することができていれば、仮に長い文章を書いた際に、人々に称賛される名文とはならなくても、整合性のとれた論理に破綻のない文章を書くことは十分可能です。いきなりゴールに飛びつくのではなく、まずは基礎固めをするイメージで取り組んでください。

LOGICAL LEARNING METHODS 05

文章から箇条書きへ

それでは、箇条書きの解説に進みましょう。箇条書きとは、いくつかの項目を分けて書き並べる形式です。項目は単語ないし文章ですが、2文3文……と長くなる場合は、あまり箇条書きとしての役割を果たさないので、基本的に1文までと考えてください。同様に1文があまりにも長くなるようでは箇条書きとして機能しないですから、1文をなるべく短く表現することも大切です（詳しくは後述しますが、目安は40～50文字以下です）。

さて、箇条書きそのものの方法についてはいまさら語る必要はないでしょう。「・」（なかぐろ、ビュレット、ブレットなどと呼びます）を用いたり、チェックマーク「✓」、数字の記号「①」などを用いたりして、細かく情報を整理します。

箇条書きを用いて表現する場合、ある特徴に気をつけなければなりません。それは**「情報量が多くなると一見して構造を捉えるのが難しくなる」**という点です。そもそも可視化された構造

図25　ストーリーロジックとストラクチャーロジックを箇条書きにする I

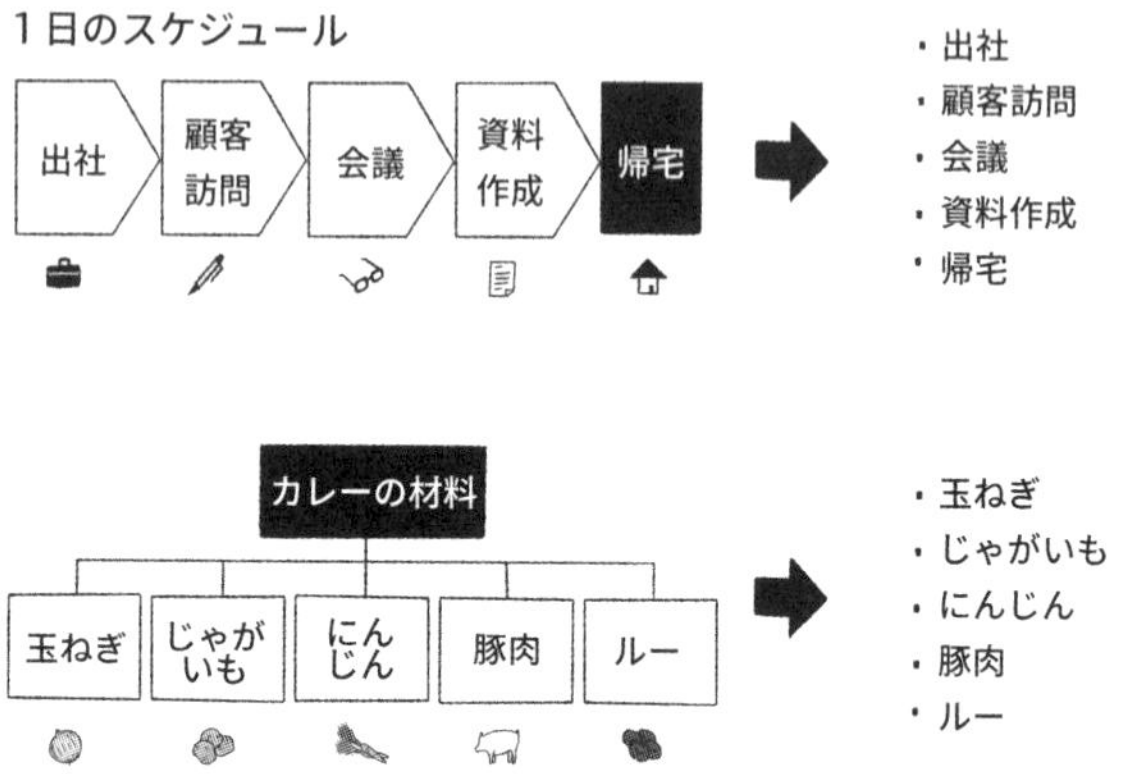

（ストーリーロジックやストラクチャーロジック）と比較した場合、箇条書きは図形を描かないぶん、素早く書くことが可能です。しかし、一方でどのような論理構造なのかわかりづらいとも言えます。少し例を見てみましょう。

図25（上）の例は「1日のスケジュール」ということで、時系列のストーリーロジックになっています。これを箇条書きにした場合、要素が5つ並ぶことになりますが、とくに違和感はないでしょう。**図25（下）**はストラクチャーロジックとしてカレーの材料を分解したものですが、これも箇条書きにして違和感はないと思います。しかし、箇条書きの方だけ見た場合、どうでしょうか？　一見して瞬時に、この箇条書きの並びはなんの軸で整理されているのか、わからない可能性があります。

図26　ストーリーロジックとストラクチャーロジックを箇条書きにする2

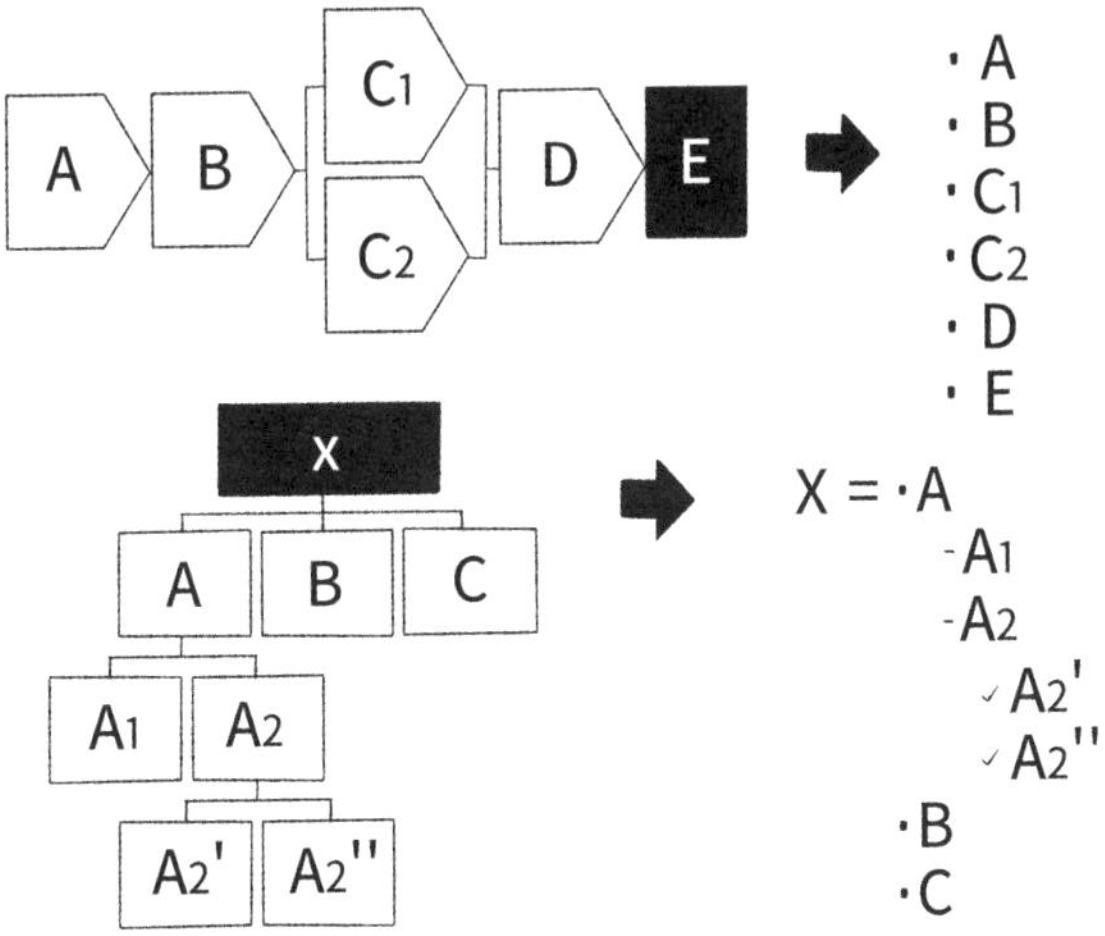

今回のように、「1日のスケジュール」や「カレーの材料」といった要素として単語が並ぶだけであれば理解に時間は要しませんが、これが多少文字数のある文章だとかなり迷う可能性もありますし、内容的に難しい文となれば瞬時に判断するのはほぼ不可能だと言えます。結局、中身をしっかり読まなければ構造がわからないという、通常の文章と変わらなくなってしまいます。そしてさらに問題となるのは、次のような事例です。

図26ではストーリーロジックの中に分岐があります。図示されていれば一瞬でこれを理解することができますが、箇条書きではどう表現すべきでしょうか。多少工夫の余地はあるかもしれませんが、わかりづらいことに変わりはありません。**図26（下）**の例ではどうでしょうか。ピラ

ミッド構造がより詳細に、もしくは部分的に細かくなる場合、箇条書きではインデント（字下げ）を用いて情報の粒度（レベル感）の違いを表現することができます。それ自体は便利なのですが、結局情報が細かくなってきたり入り組んだりするとどの部分を読んでいるかわからなくなるので、やはり図示されている方がわかりやすいということになります。

このように説明していると箇条書きのデメリットばかりに触れているので、なんだか使えないもののように感じてしまう方もいるかもしれませんが、そのようなことはありません。箇条書きの強みは前述の通り「速く記述できる」ことであり、図示を始めてしまうと箇条書きのスピードには勝つことはできません。その意味では複雑なものを理解するために書くよりも、忘れないための備忘録としての用途には非常に適していると言えるでしょう。

LOGICAL LEARNING METHODS 06

最強の箇条書きを身に付ける

箇条書きのデメリット、弱い部分を知っていただいたうえで、箇条書きをより便利するための技術を解説していきます。本来であればいきなりこの解説をしてもよいのですが、「なぜそんなことをするのか」を知っていただくために前のパートで事例を紹介しました。そして今回は3つの手法を紹介していきます。

まず、**「ストーリーロジックとストラクチャーロジックの入れ込み」**です。前述の通り箇条書きをしただけでは、これらがどのようにまとめられているのかわからなくなる可能性があります。そこで一工夫行い、次ページの図27のような記号を書くことで、どのようにまとめられているかを瞬時にわかるように準備しておくのです。**↓図27（P170）**

これらの記号を書くこと自体には1秒ほどしかかからないですが、これを付記しておくだけで情報同士の結びつきが明確になります。たったこれだけの工夫ですが、後から見直した時に何度

図27　ストーリーロジックとストラクチャーロジックを単純化する

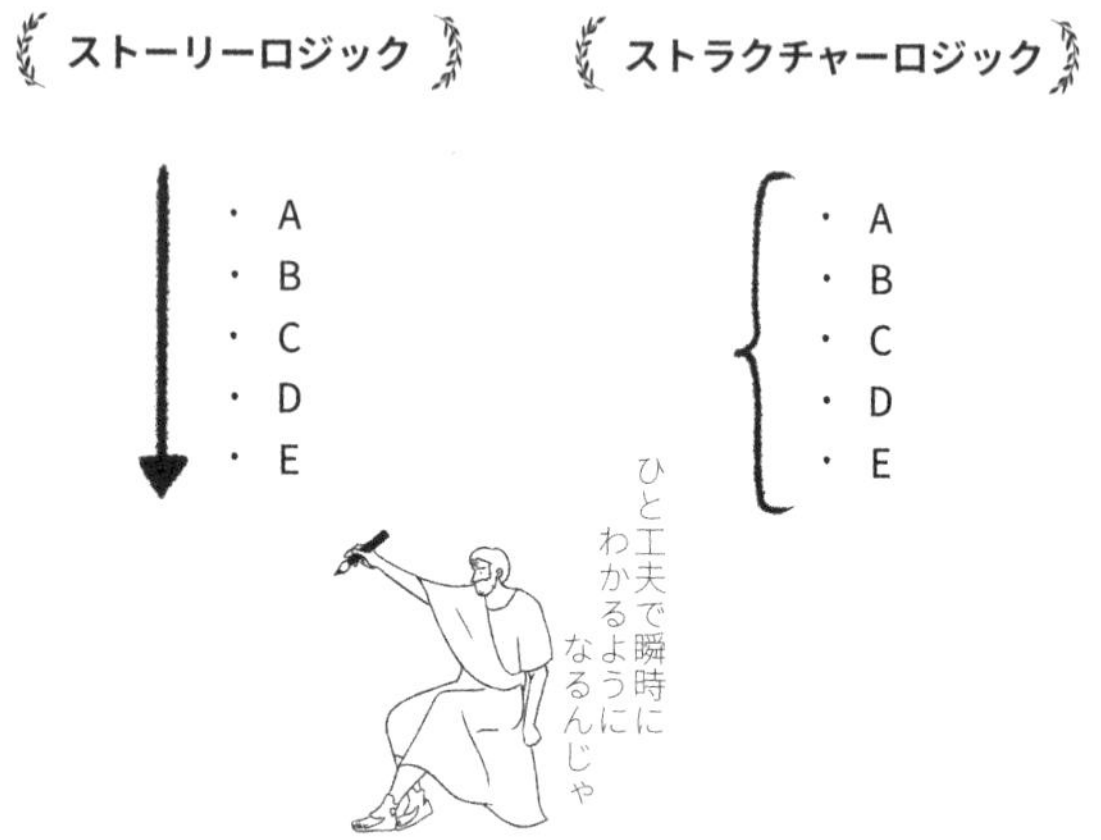

もこれらの情報の結びつきを考察する必要がなくなるという意味では、意味ある時間短縮だと言えるでしょう。また、ストーリーロジックやストラクチャーロジックで情報を並べるため、各要素のレベル感（粒度）は統一しておくとよいでしょう。

　次の手法が「**因数分解法**」です。因数分解といえば数学の式変形の方法であり、みなさんも触れたことがあるでしょう。$X^2+2xy+y^2=(x+y)^2$は有名な公式ですが、ここまで難しいことはやりませんのでご安心ください。

　必要なのは**ax+ay=a(x+y)**という考え方だけです。要は「同じ要素を見つけて括りだす」ことだけです。例を見ていきましょう。

例①

・昨日は学校へ行った。
・昨日は塾へ行った。
・昨日は友達の家に行った。

これらには「昨日」と「行った」という要素が共通しているので、これらを括りだしてしまいましょう。すると次のようになります。

例②

「昨日行った場所」
・学校
・塾
・友達の家

これだけでも情報がすっきりして、格段にわかりやすくなりますし、そもそも書く分量が減っているので勉強時間の短縮にもなります。もう少し例を見てみましょう。

例③
・数学のテストは80点だった。
・英語のテストは90点だった。
・国語のテストは70点だった。

例④
「テストの点数」
・数学：80
・英語：90
・国語：70

繰り返しになりますが**「同じ要素を見つけて括りだす」ことだけで大丈夫**です。これをするだけで情報がすっきりし、後から読む時間も削減できます。これを行う理由は箇条書きの要素が長くなると、結局なにを整理しているのかわからなくなるからです。それぞれの情報はなるべく端的に表現されるべきであり、そのためには共通の要素を括りだしたり、不要な情報は排除したりすることが必要です。不要な情報は心がけていればそこまで大量に入り込んでしまうことはないため、共通の要素の括りだしが勉強における重要ポイントとなります。

そして最後のポイントが**「具体化」**です。「言葉の選び方」とも言えますが、情報を記載する際になるべく具体的な表現を使うということです。早速ですが、先ほどの例をもう一度見てみましょう。

例②
「昨日行った場所」
・学校
・塾
・友達の家

おそらく通っている学校は1つですから、学校はこのままでも構わないかもしれませんが、塾にはいくつか通っているかもしれませんし、友達も何人かいるかもしれません。重要なのはその情報が示すものが「一意」に決まるかということです。「一意」とは言葉の意味や値が1つに決まることです。ユニークであるとか、固有であると考えても問題ありません。せっかくわざわざ「書く」ことをしているのに、1つに決まらない情報を記載するということは、読み直した時にもう一度それがなんだったかを検討することになります。それでは時間がもったいないですし、あらかじめ1つの意味に絞れるように記載しておくべきです。

箇条書きの技術を3つお伝えしましたが、どれも難しいことではありません。しっかりと意識して活用いただければ今すぐにでもできることです。「書く」という時間がかかる行為であるからこそ、少しだけ加えるスパイスのような感覚で、しかし忘れずにトッピングしてあげればしっかりとした「味」の箇条書きを作成することができるのです。

LOGICAL LEARNING METHODS 07

パワポ型「書く技術」——1スライド1テーマ

さて、箇条書きについて理解いただいたところで次に「パワポ化」の説明に移りましょう。既に説明した通り、パワポ化といっても実際にパワーポイントを使うわけではなく、みなさんがノートに書く時にパワーポイントのようなイメージで書くということです。

パワーポイントの最も大きな特徴は「スライド形式」であることです。ワードやエクセルもページごとに作成することはできますが、どちらかといえば文章作成やデータ入力をする中で結果的にページが生成されます。一方パワーポイントでは1つのスライド（ページ）ごとに完成品として仕上げていくという違いがあります。資料としてどちらが優れているかは時と場合によりますが、勉強においてはこのパワーポイント型で「書く」というのが非常に役に立ちます。

パソコンでパワーポイントを立ち上げて、新しいスライドを作成すると、横置き形式のスライドの中に「タイトルを入力」という部分と「テキストを入力」という部分が出てきます。もちろん、

図29　パワーポイント

レイアウトはすべてカスタマイズできますが、重要なのは**「タイトル部分とテキスト部分に分かれている」**ことです。パワーポイント自体は人それぞれ使い方があるかもしれませんが、私たちはこの原則にしたがって、これをノートやレポート用紙を用いて手書きしていきます。↓**図29**

タイトルの部分にはこのページに記載するテーマや重要部分、存在するならメッセージを記入します。そしてテキスト部分には構造化した情報を記載します。要は紙を横置きにして、上部にテーマを記入し、残ったスペース（全体の8割ほどの面積）でストーリーロジックやストラクチャーロジックを用いて情報を取りまとめておくということです。

パワーポイントの特徴は「スライド形式」であ

図30 パワポ化のイメージ

り、1つのスライド（ページ）ごとに仕上げていく、と述べました。実はこれが勉強においても非常に理にかなっています。**パワーポイントをつくる際には一つのスライドに一つのテーマを盛り込みます。**これを「1スライド1メッセージ」と呼ぶこともありますが、まさしくその考え方を勉強でも活用するのです。↓**図30**

1つのスライドにテーマが2つも3つもあったら、「このスライドはなんのスライドなのか」わからなくなってしまいます。たまにノートに余白なく文字を詰め込んで満足している方がいらっしゃいますがそれではいけません。

「情報がどこにあるか」「この情報はなにを示すものなのか」が瞬時にわからなければ、「書く」意味はありません。とくに構造を用いて図表的にまとめれば情報が混在しやすいですから、一層、「1つのスライドに1つのテーマ」を心がけるべきなのです。

LOGICAL LEARNING METHODS 08

図形の意味を決めておく

パワポ型で書いていく場合、「1つのスライドに1つのテーマ」を守っていれば十分でしょうか。もちろんそんなことはありません。そもそもパワポにはテーマの部分と中身の部分がありますので、中身の部分をどうすべきなのか考える必要があります。このパートではパワポの中身である構造の部分（ボディと呼ぶこともあります）について解説していきます。

まず**ボディはわかりやすく構造化されているべき**です。箇条書き形式でも悪くはありませんが、それならばわざわざパワポ型にする必要はありませんから、基本的には図形を用いて構造化された情報を用意します。逆に図形を用いて構造化するまでもない情報であれば、箇条書きにしてしまえばいいですし、教科書や教材でしっかりまとまっているものはそれを見て理解すればよいので、わざわざ紙に転記するのは無駄であると言えます。

具体的にどのような構造を記載するのかと言えば、既に解説し続けてきたストーリーロジック

図31　構造を組み合わせたパワポ化

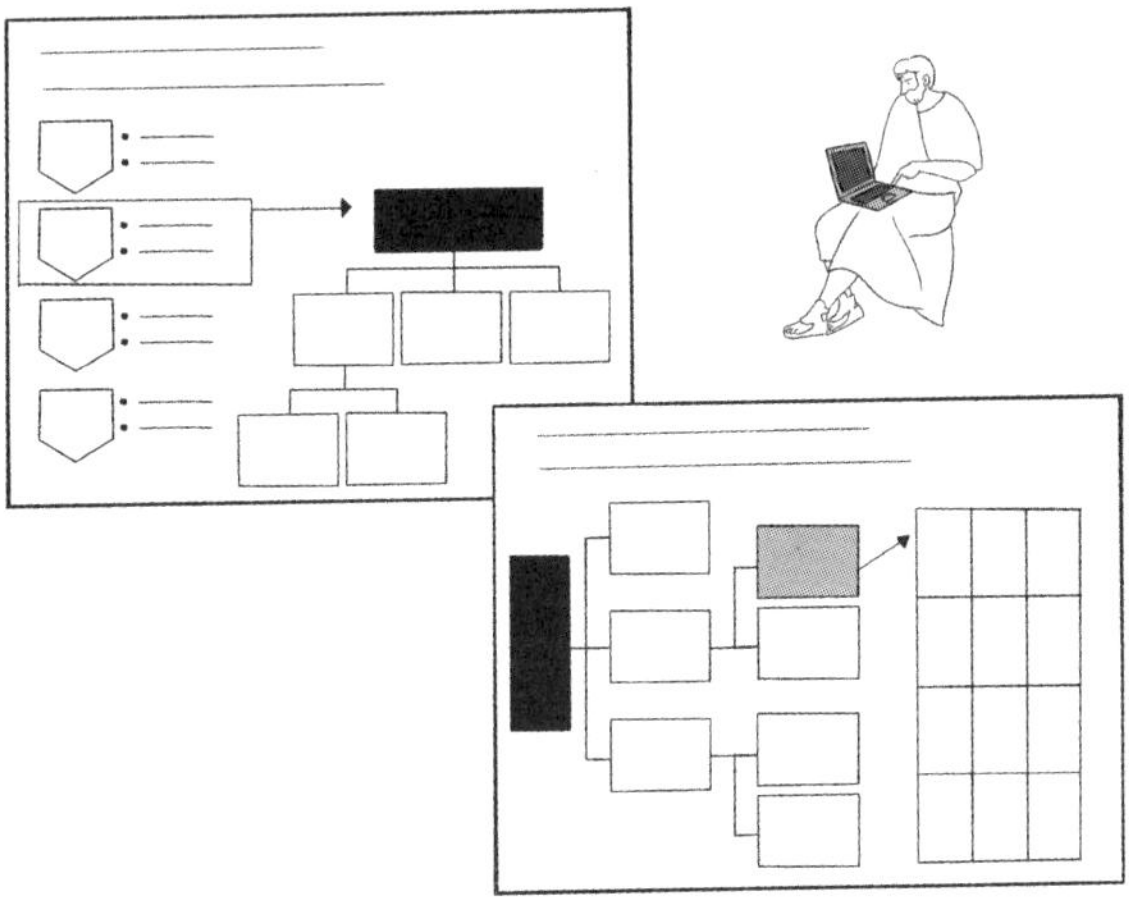

やストラクチャーロジック、そして図表です。図表については表形式とグラフ形式を「読む」のパートで解説しました。数学の勉強で問題を解くような場合でなければ、実際に勉強を行う際には自分でグラフを書くケースは少ないので、表形式を押さえておけばほとんど応用が利きます。また、構造は必ず1種類だけとは限らないので、組み合わせて用いられるケースもあります。少し例を用意しましたので、ご覧ください。↓図31

次にポイントとなるのが、構造の中で利用する「図形」です。そもそも「1つのスライドに1つのテーマ」であるとか、わかりやすく構造化する目的は、情報を瞬時に捉えられるようにするためです。パッと見でどのような情報か理解できたとしても、中身の理解に時間がかかっていては元も子もありません。ですから中身を構成する図形にも

図32　図形のルール例

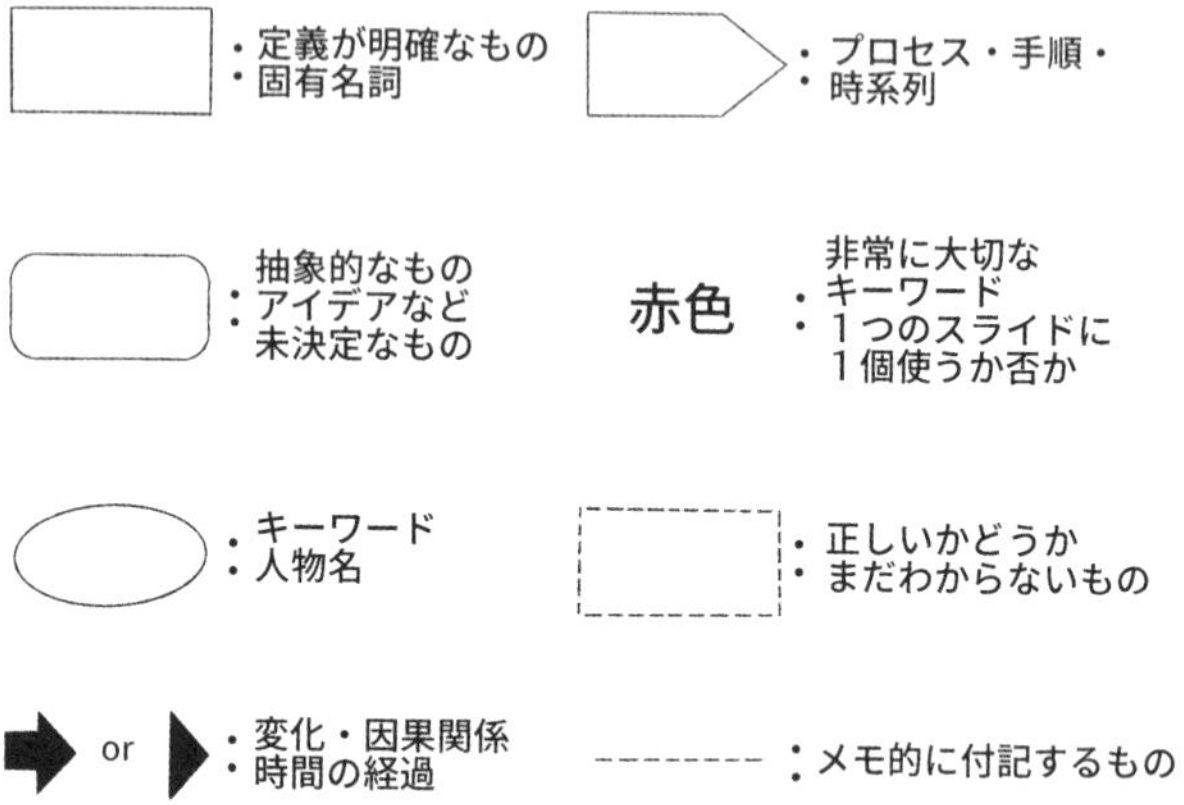

こだわる必要があります。

具体的に図形に対してなにをすべきかといえば、「意味を与える」べきでしょう。少し難しい言葉を用いてしまいましたが、簡単に言えば**「図形一つひとつの意味を決めておく」**ということです。たとえば四角形と楕円の違い、点線と実線の違い、（2色以上で書くなら）色の違いといったことを、あらかじめ決めておくのです。あくまで一例ですが、私が図形を利用している際に用いている定義を紹介しましょう。↓**図32**

図形の定義は「絶対にこうしなければならない」というものではないので、みなさんが勉強する際に便利な定義を決めておけば大丈夫です。勉強する対象によって登場する概念やキーワードは大幅に変わってきます。大切なことは、あくまで作品をつくるわけではないので、大量の図形を細かく定義したり、図形のデザインにこだわったりするのではなく、シンプルで普段からスピーディーに使える5〜10個くらいの図形を使いまわすことです。

このように、構造とそれを支える図形を上手に活用することで、パワポ型の中身も理解しやすいものに変貌します。何度も繰り返してしまいますが、「書く」のはあくまで忘れないため、理解するためであり、これらをいかにスピーディーなものにできるかが、勉強における「書く」技術であると言えます。

LOGICAL LEARNING METHODS 09

2つのストーリーを俯瞰する

これまでは1つのスライドを完成させるための技術をお伝えしてきましたが、ここからはもう少し大きな視点で話を進めてみましょう。パワーポイントの醍醐味は1つのスライドを完成させることであり、それぞれのスライドごとに「話の流れ」いわばストーリーが存在します。1つのテーマに関して、要素が分解され1つのまとまりが構成されているはずです。しかしパワポ型の魅力はそこだけにとどまりません。

パワーポイントのもうひとつの魅力はスライドを後から並び替えたり、追加したり、不要なものは削除したりすることができます。つまりスライド1つを作成してそのまま利用することもできますが、**いくつかのスライドをまとめて「大きな話の流れ」をつくることができます。**もちろん、教材に書いてあることを写しても意味がありませんから、自分が苦手な範囲においていくつかの情報源をもとにまとめるといった際に利用することになります。

図33　大きなストーリー、小さなストーリー

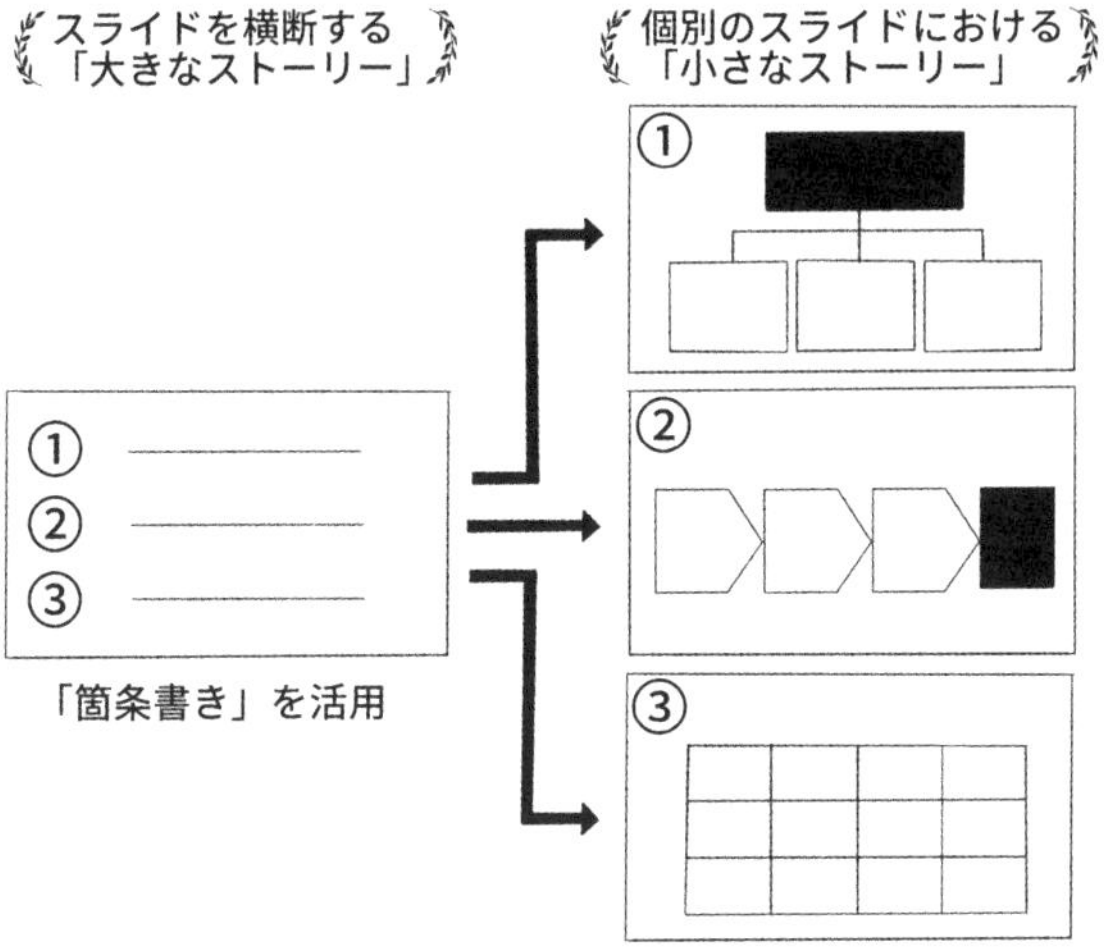

実は、その際に有効なのが、箇条書きです。いくつかの情報をそれぞれパワポ型でまとめる際に、複数のスライドに分割せざるを得ないケースが頻繁に生じます。それぞれのスライドをいきなり独立して作成するのではなく、あらかじめ箇条書きでストーリーを構築し、その箇条書きに沿った内容を個別のスライドで表現していくという考え方です。言い換えれば、箇条書きにするのはスライドを横断する「大きなストーリー」であり、個別のスライドは「小さなストーリー」を構築します。ポイントは、大きなストーリーも小さなストーリーも、それぞれ話の流れとして成立しているという点です。↓**図33**

一度大きなストーリーが成立した後に、たとえば勉強を進めていて追加すべきポイントがあれば新しくスライドを入れ込むこともできますし、逆

にスライドは作成したものの後から振り返ると不要なものであったような場合、スライドを除外することもできます。初めに大きな流れを構成しているからこそ、後からスムーズに入れ替えることができます。

そしてこれらを実現するために**勉強において活用するべきものは「レポート用紙」もしくは「ルーズリーフ」**です。真っ白なコピー用紙でも構いません。ノートはあらかじめ冊子になっていますし、後から入替や追加ができないぶん、非常に不便です。みなさんも学校でとったノートを読み返す際に、自分が知りたい情報がどこに書いてあるのかわからなくなってしまった経験があると思います。

私が大学生・社会人の時は、裏紙を大量に用意してそれらを利用していました。裏紙は見栄えは悪いですが、スライドとしての機能は十分果たすことができます。記入した紙は穴をあけてバインダーやファイルに格納してもいいのですが、私はテーマごとにクリアファイルに入れていました。値段も安価ですし、いちいち穴をあける必要もありません。使わなくなったスライドたちは、クリアファイルに入れたままケースに入れて保管していました。私の方法は多少極端かもしれませんが、あくまで勉強するための「材料」ですので、割り切って使いましょう。

LOGICAL LEARNING METHODS 10

PCか？　手書きか？

これまでに箇条書きやパワポ型の「書く」ことについて解説を行いましたが、私が実際にこの話をすると必ず「パソコンではいけないのでしょうか？」という質問をいただきます。本書では手書きを前提に話を進めてきましたが、この議論についても一度触れておく必要があると思います。

パソコンでメモをとるという文化は私が学生や社会人になりたてのころと比べると、格段に広まっています。私が受験勉強を指導している高校生の方でも、私の発言をノートではなくパソコンでメモをとる方がいらっしゃいます。初めてパソコンでメモをとる高校生と出会った時には相当驚きがあったのが本音ですが、今では慣れており「それもアリだ」と思っています。

本質的にはパソコンか手書きかというのは重要ではありません。あくまで自分の勉強のために書いているわけですから、より素早く書けるほうを選択すればいいのです。もし会社で資料をつくるとなれば、手書きではデータが残らないので困る場合もあるでしょうから、パソコンでつくるのが当たり前かもしれませんが、それは他人のためにつくるものだからであり、自分のための勉強ならばどちらでもいいのです。

ここで問題になるのは「どちらが正確で速いのか」という論点です。確かに手書きをするよりもパソコンでブラインドタッチをした方が素早く入力できる人がいるのも事実です。しかしパソコンで入力する際は、いったん読む、もしくは、聞いて、理解し、そして入力するという手順が発生します。聞いた文章をそのまま入力できる方もいるかもしれませんが、それは理解していないので問題外です。ゆえに、話す人間がその点に気を遣い、ある程度完成された表現を伝えているならばともかく、そうでないケースの場合はたいてい手書きの方が結果的に素早くなります。

しかも上記の例は「聞きながら書く」というものであり、「書く」よりも「聞く」に重点が置かれています（それこそ「聞く」の中で解説したメモのとり方のような話です）。自分の勉強の中で「書く」場合には箇条書きであればともかく、構造を表現するとなると相当な時間が必要になります。それこそ毎日パワーポイントを利用していて、ほとんどのショートカットを自在に使いこなす人間ですら、手書きの方が速い可能性が大きいのです。この側面でもやはり手書きに分があると言えるでしょう。

ですから、私は基本的に手書きを推奨しています。部分的にパソコンでメモをするだけであれば許容できると考えていますが、勉強において「書く」行為全般をパソコンで処理するのは、かなり時間のロスが発生するでしょう。

また似た話として、スマートフォンやタブレットを利用した学習にも触れておきます。最近ではスマートフォンでメモをとったり、タブレットをノートのように使ったりする方が増えています。スマートフォンでスライドをつくるのは（技術的というより時間的に）困難ですので、メモをとる程度に限定されるでしょう。しかし、パソコンもそうですがスマートフォンのメモは電池がなくなるとか、データをどこに保管したかわからなくなるケースがあるので十分注意が必要です。そこに神経を使うくらいなら、初めから紙に手書きしたほうがいいというのが持論です。

とはいえ、私自身ちょっとした仕事のメモにはスマートフォンを利用していますからスマートフォンの利用そのものを否定しているわけではありません。勉強においては情報の種類やカテゴリ、分量が相当に多くなるので、管理が難しい可能性があるということです。

タブレットをノートのように使うのは、手書きに近い感覚なので私も肯定的です。分厚いテキストを持ち歩かなくて済み、手書きのようにフリーフォーマットで自在にメモをとることができるのは魅力的です。ただし充電に気をつけたり、データ容量に気を遣ったりするのは、多少神経の無駄遣いかもしれません。また、タブレットそのものが精密機械なので、破損時のリスクなどを考慮すると、強烈に推奨できるというものではありません。

パソコン、スマートフォン、タブレットはまさしく文明の利器であり、私たちの情報処理を格段に効率化してくれるツールであることは間違いありません。しかしあくまでもツールはツールであり、それらに振り回されず、やるべき勉強をこなしていく。必要があればツールを使いこなすという感覚が学習者に求められているのです。

LOGICAL LEARNING METHODS 11

ロジカルに「書く」の実践

本章では「書く」ことについて解説を行いました。「読む」パートで学んだロジカルな思考、枠組みを駆使して「書く」に応用できるようになっていただければ幸いですが、既にお伝えした通り「書く」というのは4技能の中でも最も時間がかかる行為であるため、その習得にも時間を要します。

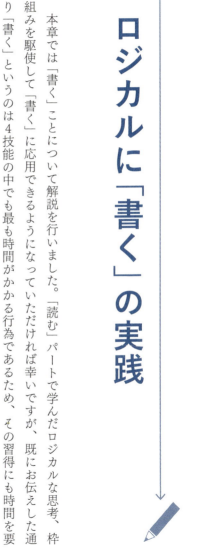

重要なのは普段の勉強において何気なく書いていることをなるべくやめることです。ちょっとしたメモや聞きながら気になったところを書いておく程度であればともかく、すぐにまとめノートをつくろうとか、教材を丸写ししようという気持ちを抑えて、必要な情報を素早く丁寧にまとめてあげましょう。なんでも構造化しようとすると時間がかかってしまいますが、限られたものを丁寧に構造化する練習を繰り返すことで、比較的スムーズにできるようになります。

私が高校生のころ、周囲の開成の友人で勉強時間を費やしてまとめノートをつくっている人間はほとんどいませんでした。授業中にほぼ完璧なノートを完成させたり、ノートなど使わず高得点をとったりする人間ばかりで、それが当然だと思っていました。しかし生徒さんを指導する立場になると、意外に「まとめノート信仰」が強いことに気付きました。なにかあればすぐノート、わからないところはすぐに参考書を丸写し。確かにカラフルなペンや丁寧な字で書かれたノートは美しいのですが、それによって学力や成績が向上するわけではありません。

「書く」ことは4技能の中で唯一形に残せる行為です。ゆえにノートをきれいにつくると、勉強した気持ちにもなるし、周りの人間からは「要した時間」が可視化されるので褒められるかもしれません。しかし褒められようが褒められまいが、重要なのは自分の頭の中に入れた情報であり、作成したノートではありません。そのことに気付かぬまま大人になってしまうと、どんな勉強でもノートづくりに励み、結果が出ないまま挫折を繰り返すという恐怖のサイクルに突入してしまいます。

最近では教材や参考書もかなり進化しており、図や表を多用してわかりやすく表現しているものが増えています。とくに人気の資格試験の教材ではこの傾向が顕著です。そのぶん、みなさんが勉強において書かなければならないシーンは減っているかもしれません。だからこそ、逆に、必要なものがあればスピーディーに正確に構造化し、箇条書きやパワポ型で取りまとめることができれば、周囲の人に差をつけるきっかけにもなるのです。

column ④ スケジュールのつくり方

勉強を進めていくうえで欠かせない要素のひとつにスケジュール管理があります。スケジュールとは、いつ、どの勉強を行うかをあらかじめ決めておくものです。1カ月単位のこともあれば1日単位の場合、もしくは1日の中において時間単位で決める場合もあります。

どのようなスケジュールをつくるにせよ、計画を立てるのは悪いことではありません。受験生が1日20時間勉強する計画を立てるような、あまりに無謀な計画でない限り、なにも決まっていない状態で勉強を進めるよりも、自分の勉強における「地図」を片手に進軍したほうが有利なことは明白です。

スケジュールを策定する際に、ほとんどの人が陥る罠が存在します。それは「理想的なスケジュールを立てる」というものです。みなさんも経験があるかもしれません。たとえば夏休みの宿題をこなす時、休みの最初に計画を立てたと思います。1日何ページ問題集をやるとか、自由研究をやるとか、たまには休みの日をつくるとか、工夫して考えたと思います。

しかしながらたいていの場合この見積もりは崩壊します。なぜなら実際の生活の中でイレギュラーな状況が発生するからです。ある日は家族で出かけることになった。ある日は友達と出かけることになった。ある日は風邪をひいてしまった。そういった想定外の出来事により、スケジュールは確実にずれていきます。

実際の勉強でも同じです。自分が思っていたよりも学習に時間を要したり、生活の中で時間がとられるイベントが発生したりします。ですから**スケジュールを計画する際には、本当の期限までの日数×2／3で終わるように計画しておくのがベスト**です。そして、途中で計画を見直す（再調整する）タイミングをあらかじめ決めておくことも重要です。

これから発生する予想外の出来事を事前にすべて予期するのは不可能なので、そういった出来事が発生することを前提として、余裕を持ったスケジュールをつくることが重要です。

第5章

ロジカルに「話す」

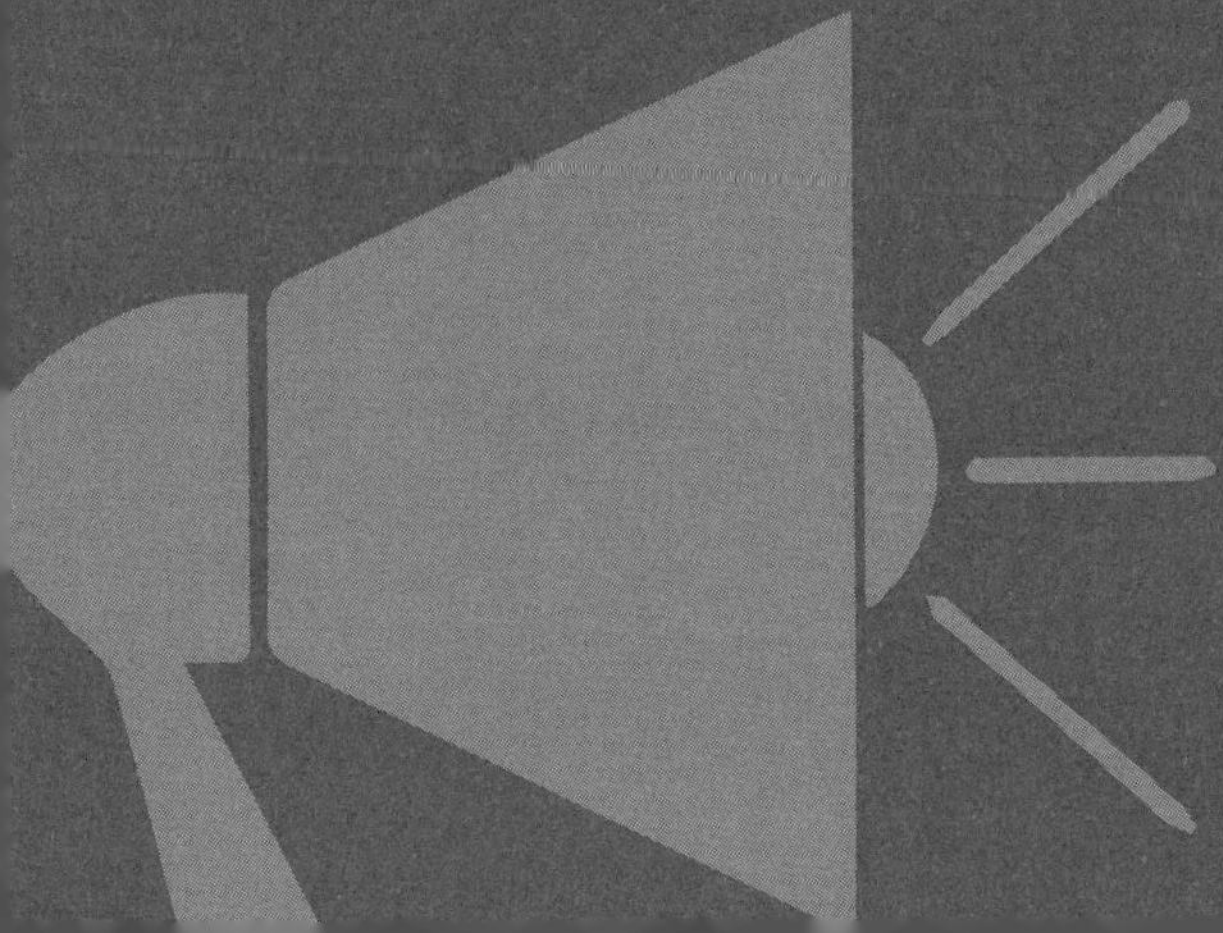

LOGICAL LEARNING METHODS 01

「話す」ことが勉強になるのか？

本章で4技能の最後、「話す」について扱います。これまで「読む」「聞く」「書く」を学びましたが、「話す」は今までの3つと決定的に異なる性質があります。それは、**みなさんが慣れ親しんだことのない勉強法である**という点です。もちろんこれまでの勉強の中で、自分で自分に説明するように学習事項を確認した経験があるとか、文章を音読した経験があるとか（後述しますが音読と「話す」は違います）、それらしい経験がある方は意外といるかもしれません。しかし、体系立てて「話す」という勉強方法を採用して学習している人はほとんどいないのが現実です。

私たちが今まで受けてきた教育は「読む」「聞く」「書く」が中心でした。授業中に先生に指名されて質問に答える場面でしか、「話す」機会はなかったでしょう。ほとんどが教科書を読む、先生の話を聞く、板書をノートに書くという学習スタイルだったと推察します。また、最近はアクティブラーニングやそれに類似する教育方法により、子どもが話す場面は増えているかもしれませんが、「どうやって話して勉強すればいいのか」については、ほとんど説明がなされていません。

「どうやって話して勉強すればいいのか」を説明するには、1つの前提を踏まえる必要があります。それは、「話して勉強するのが上手なこと」と「話すことが上手なこと」が、一定程度重なるということです。完全に両者が一致するのではなく、「話が上手な人」という集合の中に「話して勉強するのが上手な人」が含まれているイメージです。

これはどういうことかと言えば、「話が上手な人」という集合には、さまざまな「上手さ」が存在するということです。一般的に話が上手い人をイメージすると、抑揚・リズム・間の取り方が絶妙だったり、論理的にわかりやすかったり、途中で小ネタを挟んで興味を引きつけたり、表情やジェスチャーが魅力的だったり、プレゼンテーションの資料が美しかったり、声が聞き取りやすかったりと、例を挙げればきりがありません。その中で本書が目的とするのは「勉強に役立つ」ことを最優先にした「話す」です。既にお気付きの方もいると思いますが、**「論理的に話す」ことを目指していく**わけです。とはいえ、話し方というのは私たちの永遠のテーマですし、上手くなることになんのデメリットもありませんから、他の技術を習得することを否定しているわけではありません。勉強においては第一優先が「論理的に話す」なのだと認識してください。

そして論理的に話すことを身に付ければ、自身の知識の確認だけでなく、さらなるインプットの可能性を秘めています。本章では、勉強における「話す」ことの秘密について迫っていきます。

LOGICAL LEARNING METHODS 02

予備校講師はなぜ授業が上手いのか？

みなさんがこれまで生きてきて、最も身近な「話が上手い人」は誰でしょうか。おそらく、多くの人にとっては予備校講師が共通の答えになると思います。もちろんあまねく予備校講師は話が上手いというわけではなく、実際に下手な人もいます。逆に予備校講師以外の方、たとえば学校の先生でもみなさんのご友人でも、話が上手な方はいるでしょう。声がきれいとか、トーク力があるといった側面で言えば、テレビに出ているアナウンサー・芸能人・芸人の方もプロフェッショナルであることは疑う余地がありません。

しかし「話が上手い」という定義を「論理的に話す」という領域に狭めて考えた場合、やはり予備校講師は1つのイメージになることは間違いありません。とくに有名講師と呼ばれるような方の多くの講義は、論理的に美しく構成されており、いわば作品のように思えるケースすらあります。ではなぜ、彼らの話が論理的であると感じるのでしょうか。

第一の理由として、彼ら自身が学習範囲をマスターしているという点が挙げられます。講師である以上、生徒に教えるような内容は当然理解・習得しており、その完成された知識を組み合わせて論理的にわかりやすく説明しているという背景があります。

第二の理由は彼らが繰り返し講義をしているという点です。大学受験の範囲はおおよそ決まっており、生徒のレベルも毎年ほとんど変わりませんから、多くの講師は毎年同じ話をしているといっても過言ではありません。このように述べると批判を受けてしまいそうですが、当然毎年工夫を凝らしたり、変化をつけたりしていることは理解しています。しかし学習範囲をどのように解説するかという大前提はコロコロ変わるものではないので、そこまで誤った認識ではないと言えます。

第三の理由は、彼らが時間制約の中で話しているという点です。「話す」際には時間をゆっくりかければ、ある程度順序立てて整理をして話すのはそこまで難しいことではありません。しかし講師は限られた授業時間の中で、かつなるべく多くのことを受験生に理解させなければならないという点で、通常私たちが会話しているよりもかなり厳しい時間制約の中で「話す」という行為と向き合っています。

これらからわかるのは、逆にこういった要素を理解し、実行することで論理的に話せるようになるということです。今回は予備校講師を例に挙げましたが、これらの要素を有する方であれば、論理的に、わかりやすく話しているケースはたくさん存在します。講師業全般だけでなく、営業のセールスパーソン、コンサルタント、ショップ店員など、あらゆる職業でもその可能性を秘めていると言えるでしょう。もちろん実際に「話す」際にはもっと注意すべきポイントや技術があるので本章の中でも解説を行いますし、そういった部分が欠落していては一定の職業に就いていても話すのが下手な方はたくさんいらっしゃいます。まずは大前提として

- **学習内容を理解している**
- **繰り返す**
- **時間制約がある**

ことによって、論理的に話すステップになるということです。さらに言えば論理的に話せる状態を作り上げることが、学習内容の理解にもつながってくるのですが、それは後述していきましょう。

LOGICAL LEARNING METHODS 03

弁論部も「話す」のは難しい

ここまでで「論理的に話す」ためのステップを理解いただいたので、本来であれば次は具体的に「話す」勉強法について話を進めていくべきなのですが、ここで少しだけ寄り道をさせていただきます。

本章の冒頭で多くの日本人が「話す」ことについて学んでいないということを述べました。私は幸いにも「弁論部」出身であり、「話す」ことについては普通の人以上に思い悩み、工夫してきました。当然その道のプロフェッショナルには及びませんが、アドリブで話を振られたとしても、普通の方よりは格段に「話す」ことができると自負しています。

既に述べた通り、私が在籍していた弁論部ではディベートという競技を行っていました。私がディベートに関心を持ったのは実は開成高校に入る以前、中学生のころです。私は高校受験で開成高校に入学したのですが、中学時代は埼玉大学教育学部附属中学校に通っていました。今でも覚えていますが、当時の英語のH先生が、ディベートの大会があるからと有志を募り、私もその一員として中学生の大会に出ました。

ディベートという言葉は最近でこそかなり一般的になりましたが、競技としてのディベートはまだまだマイナーです。イメージ的に堅苦しいという背景もありますが、それ以上にルールが複雑であり、いわゆる「定石」を知らないと、まったく試合になりません。極端に言えばサッカーの大会に出るのに、初心者は野球の練習やテニスの練習をしてしまうような状況です。私たちもご多分に漏れず、最終的にルールに違反する形で負けてしまったのですが、実は全国大会出場の一歩手前まで行っていたのです。これに悔しさを感じた私は、高校生になったらまたディベートをしたいと考え、弁論部のある開成高校へ進学しました。

そして開成高校の弁論部に入りディベートのイロハを教わり、一人前にディベートができるようになっていくのですが、実はディベートの中で最も重要な「話す」ことについては、ほとんど教わった記憶がありません。テーマを理解したうえで、制限時間の中で大量に繰り返して議論する(ディベートは競技なので制限時間があります)中で、自分なりにだんだんとコツをつかんでいったというのが実情です。

では指導者が悪かったのかといえばそうではありません。**「話す」方法を体系立てて伝えるのは**

大変難しいことなのです。それが本書のような文章形式であっても、講義形式であっても、1対1形式であってもです。ディベートが上手な方から1対1で教わってすぐに「話す」ことが上手くなれるならば、ディベート界隈から綺羅星のごとく優秀な講演家や講師が登場していることでしょう。

言い換えれば、それだけ**「話す」ことの上達には孤独ともいえる戦いが必要**であるということです。「書く」や「話す」はアウトプット系の技能に分類されることが多いですが、「書く」は形に残るため、明確なフィードバックが可能です。みなさんも学生時代に英作文の添削や、小論文の添削を受けたことがあるかもしれません。しかし「話す」ことは形に残らないため、そして「書く」以上に多様な要素が絡み合ったアウトプットとなるため（詳細はきちんと説明します）、他人からのフィードバックだけでなく、自身の修行が必要になるのです。

LOGICAL LEARNING METHODS 04

「話す」勉強の目的

さて、少し寄り道もありましたが、ここからは「話す」勉強についてより深く考えてみましょう。そもそも勉強において「話す」ことにはどのような目的があるのでしょうか。

まず容易に想像できることとして、**「理解しているかの確認」**が挙げられます。たとえば、教材を何度も何度も読んで、おおよそキーワードは覚えている。けれども実際説明しようとすると詰まってしまう。そのようなケースは溢れるほど存在します。

必ずしも「話す」という方法だけではなく「書く」ことによっても知識の確認は可能ですが、「書く」のには相応の時間がかかってしまうため、それを手軽に行うことができるのが「話す」という行為なのです。

実際、第1章でも少し紹介した通り、私が生徒さんを指導する際には、理解しているかを試すために「話す」ことを求めます。もちろん、なんでもかんでも話してもらうわけではなく、学習の進捗を聞いている中で「ここは怪しい」と思うポイントを話していただきます。本来であれば、「あなたはできていると言うけれど、実際は習得しきれていないから、もう一度やり直そう」と伝えれば済むことかもしれませんが、「私から言われたから」その勉強を行うことと、「自分自身できないことを理解したから」その勉強を行うことは天と地ほどの差があります。そして、「話した結果できないことに気付く」という手順の繰り返しにより、「話す」ことで自分の理解を確認できることを知っていただきたいのです。それがわかった方は、私の力を借りなくても、自身の勉強の中で話して確認をするという手順を身に付けることができるのです。

そして、勉強において「話す」ことにはもうひとつの目的が存在します。それは**「構造を整理する」**という目的です。これは私が開成高校の弁論部時代、そしてコンサルティング会社に勤めていた時代に肌で感じたことですが、人間は話すことによって情報を整理することができるのです。

ちょうどよい例を挙げましょう。私は数年前からYouTubeで大学受験や勉強法、就活関連の動画を投稿しています。そこでは私一人ではなく、インターンのメンバーが協力してくれています。彼らが入社してまず覚えることは動画の「台本」を作成することです。台本といっても一言一句のものではなく箇条書きのレジュメに近いのですが、その制作をしてもらいます。

そうすると、彼らは彼らなりに「書く」という作業を通じて台本をつくってくれるのですが、大半は撮影前に大幅な修正が必要になります。なぜかと言うと、「実際に話す」という練習が不足しており、どのような流れ・構造で話すべきなのか、本人自身が理解していないからです。その後彼らは練習を積んで活躍してくれますが、それは何度かの撮影を通じて、情報の整理の方法や、「話す」内容の取捨選択を理解するからです。

私自身も仕事で打ち合わせをする際に、自分の知識や経験を聞かれることが頻繁にありますが、これらはもともと自分の中で整理されておらず、宙に浮いた部品のような状態になっていました。実際に話をする中で、必要な部品を集め、整理をしながら「話す」ことで特定のテーマに関し「自分の型」が構築されていきます。もちろん一度だけで完成するとは限らず、やはり繰り返しの中で完成に至る場合が多いです。そうして整理された「型」として、特定の勉強法や受験・仕事の知識を持っておくことで、普段からスムーズにアウトプットができるようになりました。かつ、その対象に対する理解も一層深まるわけであり、ある種「話す」ことが最強のインプットとも言えるでしょう。

普通に生きていれば「話す」ことによる勉強と一生出会わないかもしれませんし、「話す」機会があっても知識の確認として活用する程度でしょう。しかしそこからもう一歩進んで情報の整理・構造化まで至ることができれば最強のツールとして「話す」ことを活用できるのです。

LOGICAL LEARNING METHODS 05

ロジカルな話の上手さとは？

既に述べたように「話の上手さ」にはいくつかの種類があります。そしてその中で私たちが目指したいのは**「論理的に話す技術」**、つまり**「ロジカルな話し方」**です。本書においては「話す」といっても勉強のために「話す」ことを解説していますが、そもそも「話す」という行為そのものには勉強以外の多様な目的が存在しうるわけで、それまで否定しているわけではありません。

それこそよくある話なのですが、私が以前いたコンサルティング業界では、ロジカルに話す教育を受けてそれに慣れ親しんでいる人間が多数います。しかし普段からそのような話し方をしていたところ「話が面白くない」と言われ異性にふられてしまったというエピソードがあります。これは半分冗談のような話ですが、あながち笑い流すこともできないもので、自分の話し方は時と場合によって調整すべきであることも示唆していると言えます。

それも踏まえたうえで、「ロジカルな話し方」を目指すのですが、「ロジカルな話し方」とはどのようなものでしょうか。みなさんが持っている経験やイメージを膨らませて考えていただくのも構いませんが、実はここまでに学んだことで十分な定義が可能です。そもそもロジックとは、要素を順番に並べること、もしくは分解することによって説明したい対象を相手に伝える技術です。すなわち、言い換えれば**「ロジカルな話し方」とは、要素を整理して構造化して話すこと**であると言えます。

さらに一歩踏み込んで考えれば、「話す」際にはただ一方的に話しても仕方ありません。かつてピーター・ドラッカー（社会生態学者）が「コミュニケーションの成否は聞き手で決まる」と述べたように、聞き手に伝わらなければ意味がありません。ですから、「情報の整理・構造を聞き手の頭の中に植えつける」ことができる話し方こそが、ロジカルな話し方だと言えるでしょう。

そこで難しい点は、**「話す」際にはストーリーでしか話すことができない**という点です。「書く」でやったように、パワポ型や箇条書きで一気に見せて、「パッと見でわかる状態」を演出することはできません。あくまで言葉を重ねるしかなく、同時に2つのことを話すのは物理的に不可能です。

この課題に対処するための考え方が、「書く」で登場した箇条書きの考え方です。「書く」においてパワポ型でまとめた情報をいくつかのまとまったストーリーとして展開する場合、全体の構成を示す箇条書きを冒頭に用意すべきであると説明しました。その考え方と一緒で、ある程度の分量を話す時には**冒頭に話の「地図」を用意**してあげましょう。詳しい手法については今後のパートで解説していきます。

なお、少しだけ補足をしておきたいことがあります。よく、ロジカルな話し方として勘違いされやすい話し方の種類として、早口や難しい言葉を使うケースがあります。ある程度の分量を一定の時間の中で話さなければならない以上、早口になってしまうことや、そもそも説明すべき対象が難しいから専門用語を利用することはよくあることです。また生まれつき早口気味な方もいますから、それ自体が悪いことではありません。しかし、早口や難しい言葉の使用が必ずしも「ロジカルな話し方」とならないことはぜひ知っておいてください。

ひとつの事例として、弁論部のことをお話ししておきましょう。ディベートを行う際は時間制限があるので、ほとんどの選手（プレイヤー）はかなりの早口であるという特徴があります。のんびり話していては、時間内に展開できる議論の量が少なくなってしまうので、致し方ない面もありますが、普通の方がいきなり聞いたら「まったくなにを話しているのかわからない」状態になっても不思議ではないスピードです。

そして、ディベートに取り組んでいる選手たちがみんなロジカルに話せているのかと言えば、実はそうとも限りません。ディベートという競技の特性上、主張にはその根拠が必要です。ディベートであれば参考図書や引用文献、統計情報などの「データ」が主張を支える根拠となります。ゆえに、ただ主張をぶつけるのではなく、ディベートの中でデータとデータをぶつけ合って戦うのです。データをぶつけ合う際は、当然ディベートの制限時間の中で「話す」ことで議論を行います。すると、どうしても「議論を展開する」ことに気が向いてしまって、話し方そのものはそこまでロジカルではない場合があります。極端な言い方をすれば、それまでに用意したデータの中から使えそうなものを抽出して、高速で音読しているに過ぎないケースもあります。もちろんこれはあくまで例として挙げたものであり、ディベート全体がそうであるとは言いません。要は**「早口」とか「難しい言葉を用いる」ということが、必ずしもロジカルに話す（＝聞き手に構造や整理を植え付けながら話す）に至らない**という点はおわかりいただいたと思います。

LOGICAL LEARNING METHODS 06

3分間トーク法

いよいよここからは論理的に「話す」、そして「話す」ことを勉強につなげるための具体的な技術について解説していきます。既に述べた「学習内容を理解している」「繰り返す」「時間制約がある」という条件を満たした練習を行うことで、より学習内容を深掘りした理解が可能です。学習内容の理解については、地道なインプットが必要ですが、繰り返しや時間制約についてはすぐにでも対応することが可能です。

そこで活躍するのが**「3分間トーク法」**です。**文字通り3分間で説明する**ということであり、時間制約や繰り返しにダイレクトに効いてくるのですが、これにはいくつかのミソがあります。

まず、**「どんなことでも3分で話す」**という点がポイントです。私たちは早口の名人になりたいわけではないので、1分や2分では短すぎます。しかし5分、10分かければ、ある程度「思い出しながら」ゆっくりと説明することはできてしまいます。早口にならない程度にしながらも時間制約の厳しさがあるため、**どの情報を説明してどの情報を説明しないかという取捨選択、説明を行うための言葉選び（婉曲的な表現ばかりでは時間がまったく足りなくなる）の練習**になるのです。

もし実際に3分間で時間が足りなければ、情報の取捨選択ができていない（大きな流れを捉えられていない）ですし、3分間の途中で話が終わったり詰まったりしてしまうようではそもそもの知識が不足していることも推察できます。知識をキーワード的にただ暗記しているような状態であれば、「話す」ことでほぼ確実に情報同士のつながりに対する理解不足が露呈します。

第2に、ボリューム的なちょうどよさもポイントです。一般的には**私たちは1分間に200〜300文字程度を話すことができます。**もちろんアドリブで話すのか、あらかじめ用意した原稿を音読するのかでかなり話すことができる文字数は変化しますし、さらに早口を意識したり、カタカナが多い文章だったりすれば一層の違いは出ますが、あくまで数百文字程度が目安です。

その際に、やはり1分程度ではあまりに短く、情報を整理して手順や構造を示す以前に冒頭から情報の中身について言及しなければ間に合わないでしょう。自己紹介のような気軽なトークであればさておき、**勉強という一定の深さが必要なことを話すのであれば、3分すなわち600〜900文字程度は用意したいところです。**そしてこの文字数は、おおよそ**パワポ型で表現した情報の1枚相当に匹敵します。**あまり登場場面は多くないかもしれませんが、10分話す場面があってもパワポ型で３つのスライド、プラス冒頭の全体構造に１分をかければ10分の話を構成できます。

３分間トーク法が優れている点は他にもありますが、実際の取り組み方には注意が必要です。それは**「教材を見ながらやらない」**ことです。実際、話が上手な方は「自分のストーリー」を持っており、それを小出しにしたり、組み合わせたりして話を構成します。芸人さんのエピソードトークは、１分、数十秒、一言二言のように、明確に使い分けています。私たちも３分という時間で勉強内容をまとめることができるようになることで、いざという時に自分の知識を抽象的にでも具体的にでも瞬時に表現できることを目指します。

その中で、教材を見ながらやってしまうと、自身が勉強内容を身に付けているのか判断ができなくなるうえに、教材が優れているほど、自分は音読をするだけの人間になってしまいます。音読は音読で暗記の効果もありますし、悪いことではありませんが、私たちが目指すところからは離れてしまいます。

逆に、自分の知識が十分になるまでは音読やテキストを見ながら講義の真似をすることで知識の習得を目指し、ある程度その段階を超えたところで、何も見ずに「話す」スタイルへ移行するのもありです。本書では音読について深く触れることはありませんが、インプットの手法としては非常に自然な、優れた方法であることは間違いありません。

LOGICAL LEARNING METHODS 07

アンサーファースト。まず答えから述べる

実際に3分間トーク法を実践してみると、その結果は実は大きく2つのパターンに分かれます。それは「話がわかりやすい人」と「話がわかりにくい人」です。もちろん一般的に話すことが得意な方、そして苦手な方がいらっしゃいますが、そういう意味ではありません。仮に話すことが苦手な人を集めて同じことをやらせても、明確に2つのタイプに分かれてしまうのです。

両者を区別している要素は、**「結論に対する整理された理由・根拠の有無」**です。3分だろうが1分だろうが、今から自分が話す結論に対する理由や根拠が整理できているのかという点で、明確に2つのグループは異なります。**話がわかりやすい人というのは、概してこの結論とそれに紐づく理由・根拠を（完璧にではないにせよ）考えて整理し、その結論から話を始めます。**一方、話がわかりにくい人というのは、いきなり内容から入ってしまいます。

これが「人を説得する」という場面であれば多少事情は異なります。たとえばみなさんが営業

マンから「結論から申し上げますと、ウチの商品を買ってください！　なぜならば……」と言われても、ちょっと引いてしまうかもしれません。失礼な奴だ、と怒り出す人もいるかもしれません。このように人を説得する場面、なにかお願い事をする場面に限定すれば、単純にロジカルであればいいという法則は成り立ちません。必要に応じて、プライベートな話題から入ったり、天気のことを話したり、地元や昔話から会話を始めたりといった工夫をしているはずです。

しかし勉強においては違います。「話す」ことでさらなるインプットにつなげようとするのであれば、それは徹底的にわかりやすくするべきです。情緒的な話し方ではなく、まさに「整理」の話し方を目指すべきです。そのうえで最も大切なことが結論から話を始めることであり、これを**「アンサーファースト」**と呼びます。ポイントはタイトル（やテーマ）と結論から入ることです。

少し例を見てみましょう。

良い例：

私がおすすめしたいものはAとBです。（結論）

これらはコストパフォーマンスに非常に優れているため、みなさんにお勧めします。

（⇩結論に付随する共通の理由）

まずAは、○○○な部分が優れており、○○○です。（Aの説明）

次にBは、△△△な特徴があり、△△△です。（Bの説明）

悪い例：

私は○○○な部分が優れていることと、○○○なことからAをお勧めします。

（⇩いきなりAの内容に入る。聞き手はA中心の話だと想定してしまう。しかも「A」だと判明するのは発言の終盤）

□□□なことを考えても、Aはコストパフォーマンスに優れています。

（⇩明確な理由があるなら、先に述べてほしい）

また、Bも△△△でお勧めです。

（⇩いきなりBの話が出てきて驚く。話が長いと思われるかも）

△△△なことからも、Bもコストパフォーマンスが高いと思います。

（⇩同じ理由なら先にまとめて話してほしいと感じる）

両者はおそらく同程度の情報を有しており、結論や理由付けもある程度同じであると想定できます。しかしここまで違いが出るのは「アンサーファースト」の意識の有無です。この点が決定的なわかりやすさの違いを生み、「話す」勉強においてはその後の理解や整理に影響を及ぼします。

LOGICAL LEARNING METHODS 08

2Dトークを習得せよ

2Dトークという言葉は私の造語ですが、2DとはTwo-Dimensions、すなわち「2次元」の略ですので、2Dトークとは「2次元的に話す」という意味になります。「2次元」で思い浮かべていただきたいのはパワーポイントです。パワーポイントでは2次元の平面（つまり紙ですね）上に好きなことを表現できます。表やグラフ等を用いて一度に複数の情報を提示することができます。しかし「話す」という行為では、同時に2つの音を発することはできませんから、一度に複数の情報を提示することはできません。つまり1次元的にしか話すことはできないというわけです。

そこで、一定の工夫をすることでその1次元的な話し方を脱却しようという発想が「2Dトーク」なのです。これにより、2次元的な、いわばパワポ型の表現に接近することを目指すのです。

もう少し具体的に言い換えれば、「書く」において学んだ通り、パワポ型で可視化を行う最大のメリットは、**大きなストーリー（全体を貫くストーリー）と個別の構造（各個のスライドに存在するストーリーやストラクチャー）を両立することができる**という点です。それによって全体像が想

図34 2Dトークとは？

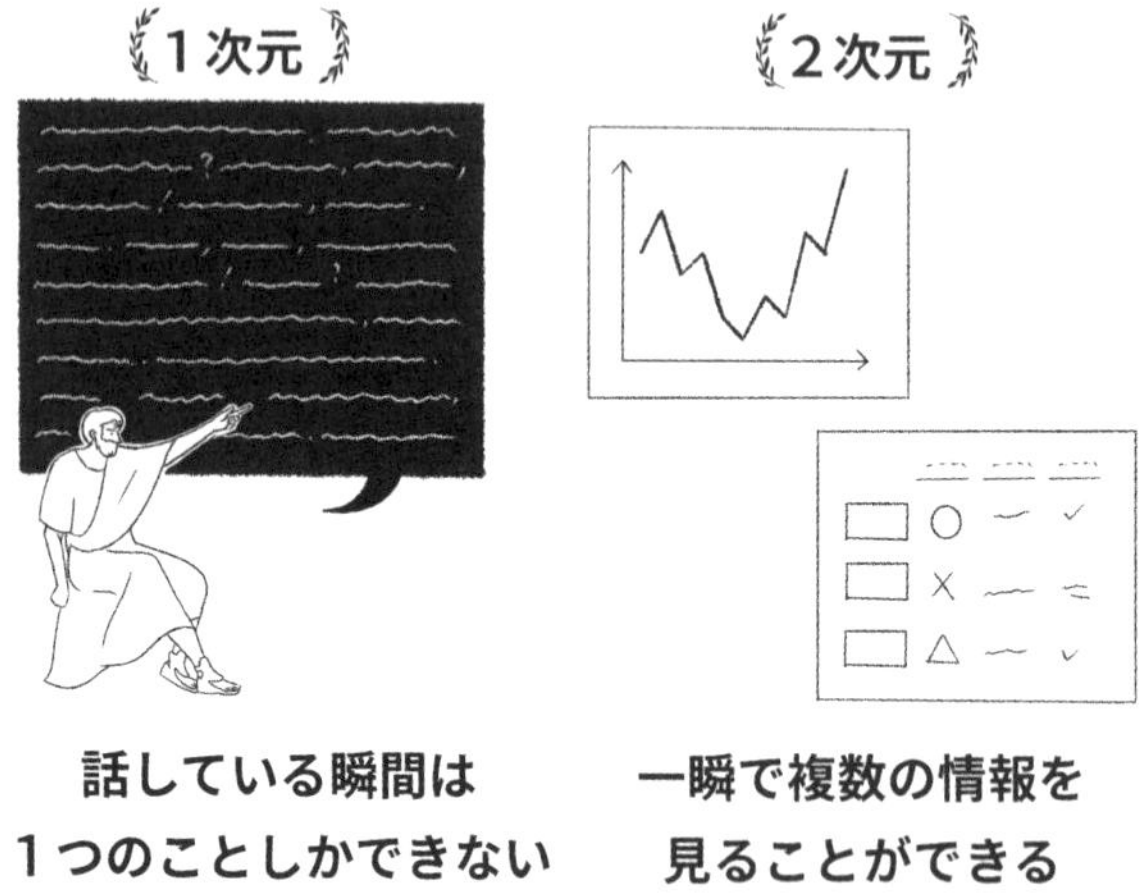
1次元
2次元
話している瞬間は
1つのことしかできない
一瞬で複数の情報を
見ることができる

起され、個別のテーマが明確になった状態を作り出しているのです。つまり、「話す」においてもこれを実現してしまおう、というのが2Dトークというわけです。これはロジカルな話し方をする人は必ず活用している技術です。↓**図34**

2Dトークを成功させるためには2つの技術を身に付ける必要があります。まず1つ目が**「マッピング」**です。既に何度かこのマッピングを示唆する話をしているので、なんのことかわからないという方は少ないかもしれませんが、**話の先頭で今から話すこと全体の構造を明確にする**、ということです。たとえば「今からリンゴ、みかん、バナナについて話します」と言えば、聞いている相手の頭の中にはリンゴ、みかん、バナナという「話の地図」が生まれます。同様に「今回のプレゼンでは、この施策を導入すべき背景、導入方法、メリット、デメリットをご説明します」と述べた場合、聞いている人間は「導入すべき背景」から「デメリット」に至るための話の流れ（全体像）をあらかじめ想起しつつ、個別にどのようなテーマを話すのか明確に意識することができます。

ちなみにこのように書くと、「アンサーファーストと同じ？」と思われがちなのですが、異なります。アンサーファーストというのは話の中で冒頭に結論を持ってくることであり、マッピングは結論の前後で今から話すことの構造を明確にするというものです。

混乱しやすいのは、マッピングが先か、結論（アンサー）が先かという点でしょう。確かに結論よりマッピングが先立つ気もしますし、アンサーファーストなだけにまずは結論から話した方がいいようにも感じます。実はこれはどちらもアリです。結論が端的であり、その理由がある程度構造化されているのであれば、マッピングすべきなのは理由部分ですから、結論から述べて理由に入る前にマッピングをすればいいでしょう。

逆に、結論と理由のつながりが難しい場合や結論自体もいくつか存在するような場合は、まずマッピングを行ってから話を始めた方が整理された情報を伝えることができるでしょう。要は、ケースによって使い分けてほしいということです。

そして2Dトークを成功させるための2つ目の技術が**「ナンバリング」**と**「ラベリング」**です。多少カッコつけて英語で表現していますが、要は「番号付け」と「名前付け」ということです。2Dで説明を行うために、必ず情報が階層構造になります。その際に一番困るのが、「今どこの話をしているのかわからなくなる」という現象です。これを防ぐためにマッピングをするのですが、さらに「話の現在地」を明確にするために、ナンバリングとラベリングを活用できます。

実際の使い方は難しいものではなく、どちらかと言えば意識が大切です。ナンバリングであれば、1、2、3と順序を振っていけばよいでしょう。①、②、③を活用しても結構ですし、A、B、Cとするのも自由です。ただ、階層的になるのであれば、同じ記号が度々出てこない方がわかりやすいでしょう。好みの問題もありますので絶対的な基準ではありませんが、1．1⇩1．2⇩1．3よりは、1－①⇩1－②⇩1－③の方がビジュアル的に認識しやすいでしょう。

ラベリングは名付けですから、話す内容について端的に一言で、説明できる言葉を用意します。繰り返しキーワードとして利用する場合もありますので文章で表現するよりは体言止めや名詞で表現したいところです。かつ、そのキーワードが登場した時になんの話か想起できなければ意味がありませんから具体的な表現も求められます。

例としてわかりやすいのが商品の名前です。たとえば野球のバットを見てみましょう。普通のバットよりも丁寧な加工を行い、プロが使用しているものに多少近づけたとします。その際に消費者に対して具体的な加工を細かく説明するのは、店員さんが接客をしない限り難しいかもしれません。そこで商品の名称を「プロモデルバット」とラベリングしてしまうことで、端的にイメージを持たせることができます。もう少し抽象的な例でも同じです。たとえばとある仕事で「会社に行き、指示された荷物の数と内容を確認し、それを伝票にメモする。その後その荷物を別の作業場に運搬して、担当者に引き渡し、伝票の控えをもらう」という業務があったとしましょう。これについて会社の中で話す際に、毎回この内容を丸々話していては圧倒的な時間の無駄ですから、「運搬業務」とラベリングすることで、一言で説明がつくようになります。

一方、ラベリングを行う際にはそれだけの時間と聞き手の負担を強いることも確かです。ラベリングをするということは聞き手との共通言語を形成するわけで、それを覚えておくという負担も発生します。ゆえにあまりに多くのものをラベリングしてしまえば、話の内容そのものがわからなくなってしまうので、注意が必要です。3分間トーク法の中で用いるのであれば、1～2個が目安になるでしょう。

LOGICAL LEARNING METHODS 09

録音・録画の活用

これまで3分間トーク法を皮切りに、具体的な「話す」技術と注意点をお伝えしてきました。このパートではこれらを効果的に身に付ける、練習するための「録音・録画の活用」について触れておこうと思います。

最近ではスマートフォンの進化により録音や録画はとても容易なものになりました。それこそYouTubeを始めるにもスマートフォンひとつでスタートできると言われているくらい、私たちが普段携帯しているデバイスは進化しています。せっかくならばこれを使わない手はないでしょう。自分が話した音声を録音・録画することで、後から自分の説明を聞き返すことができます。せっかくなら3分間トーク法と併用して、3分でさまざまな勉強内容を説明しておくことで、ある種紙のノートのように使える、自分だけの音声ノートをつくることができるかもしれません。

このように述べるとなんだかとてもハッピーに聞こえますし、わざとそう書いているのですが、実は手軽な録音・録画機能には十分注意いただきたいというのが、私の本当のメッセージです。念のために申し上げれば、これはまったく嘘ではないですし、利便性が高いことは事実です。録音した音声で自分の技術を確認することもできます。しかし、そこに隠された罠があります。

録音や録画は、4技能で言えばどのような行為でしょうか。話して録音している瞬間は「話す」かもしれませんが、それを聞いている時間は「聞く」になっているはずです。その際、「聞く」の章でも扱いましたが、ただ無意味に聞いている行為は勉強にはなりません。自身で録音するからこそ、その確認のために「聞く」わけですが、そこに時間を費やすのは実は得策とは言えません。

同様のことが、「書く」ことについても言えます。「書く」は4技能の中で唯一形に残るものであると述べましたが、この録音や録画を利用すると、(形の定義はともかく)なんらかの形を残すことになります。「書く」の章でも述べた通り、**形に残す時こそ、瞬時に情報を理解できるレベルで記述しておくことが重要なのであり、それであればやはり「書く」で残しておく方が、瞬時に情報を理解できます。**音声を聞くのは結局最後まで聞かなければならないため、時間的には箇条書きやパワポ型の情報には劣ります。

このように、録音・録画は悪い手段ではないのですが、如何せん効率が悪くなってしまう側面もあるのが事実です。自分の話す力、ロジカルに話せているかの判断は、実は録音しなくても話している中である程度判断がつく場合もあります。

逆に録音・録画を活用するのであれば、どうしても忘れたくない内容を録音させてもらうというのが一番の使い方でしょう。実際になにかを使う、動かす場面であれば録画することも有効です。録音・録画する際には必ず許可をとることが大前提ですが、自分が予期しないタイミングでなにかを教わることは、しばしば発生します。勉強の中だけではなく仕事の場面でのほうが多いかもしれません。そういった際には事前に予習することもできませんし、しかし正確に情報を捉えるという意味で録音・録画を使うといいでしょう。

また、「話す」というテーマに話題を戻すならば、勉強における「話す」というよりも**仕事や研究の大切なプレゼンの練習として録音・録画を使うのはとても効果的**だと言えます。私と一緒にYouTubeの仕事をしてくれるインターンの大学生たちは、「話す」ことについてはまったくの素人として入社してきますが、自分が話している様子を動画にして客観的にみると、私が教える以上に改善点を理解することができ、どんどん話が上達します。自分を客観的に見つめることができるという面で、録音・録画が効力を発揮するのです。

LOGICAL LEARNING METHODS 10

ロジカルに「話す」の実践

本章では4技能における「話す」ことの解説を行いました。「話す」行為には今までみなさんが想像してこなかった要素、効果があったのではないでしょうか。今まで「話す」ことを勉強に取り入れていなかった方にとって、少しでも新たな発見につながればと思います。

実は、話せることは「読める」「聞ける」「書ける」ことにつながります。本当に整理された、論理的に美しい話というのは、「書く」ことで自然と構造化ができます。同様に「話す」ことができれば、容易に「読む」「聞く」ことができます。みなさんも経験や体験に基づいて理解いただけると思いますが、それだけ「話す」ことは学習を発展させる可能性を宿しています。

私が大学生のころ、3年生から4年生にかけて英語の学習に取り組んでいました。今思えば迷信的な話ですが、サークルの先輩に「TOEICで800点をとっていないと、ロクな会社から内定をもらえない」と脅され、必死になって勉強した記憶があります。当時私の点数はなんと

490点。正直東大生とは名乗れないほどの絶望的な点数でした。

結果的に、私は約14カ月の学習で930点まで点数を伸ばしましたが、その際にコーチになってくださった方の言葉が、正に**「話せることは『読める』『聞ける』『書ける』ことにつながる」**というものでした。当時リスニングが苦手だった私に、コーチはひたすら公式問題集のスクリプトの暗記と発音（話す）の練習を指示しました。正直ピンとこないまま、でもまじめに取り組んでいたところ、数カ月後驚くほどリスニングができるようになったのです。そしてリーディングのスピードも向上し、TOEICでは使わないライティングも自然にできるようになりました。

なぜそこまでの成果が出たかと言えば、スクリプトを暗唱し、もとの音声と同じスピードで話せるまで自分に染み込ませるという行為が、副次的に他の3技能の飛躍的向上につながったからだと考えています。これはあくまで英語学習という、比較的成果が表れやすい分野であることは事実ですが、実際に受験生の方の指導を通じてその効果を何度も経験しています。

なにが言いたいのかといえば、「話す」ことの裏には非常に泥臭い「積み上げ」の期間があることです。本書を読んだだけで本質的な力が身に付けば最高なのですが、他の技能と同じように残念ながら魔法は存在しません。しかし泥臭い努力を礎にして、必ず成果が実ることをお約束します。

第6章

勉強とは夢である

LOGICAL LEARNING METHODS 01

なぜ「開成流」なのか

第6章では、これまでと少し違う視点から、「4技能」や「ロジック」そして「勉強法」について述べていこうと思います。これまでの章で具体的なノウハウは一通り扱いましたので、ここからはより抽象的な話です。本当は前置きとして序盤で語ってもいいのですが、それではみなさんが疲れてしまいますから、このようにサンドイッチする形にしました。

まず初めにお伝えしたいこととして、本書のタイトルにも入っている「開成」という言葉に今一度触れたいと思います。プロローグでも書いた通り、私は高校から開成に入りました。中学は埼玉大学教育学部附属中学校に通っていました。私のいた中学校も決して悪い環境ではありませんでしたが、開成に入学した時にはそのギャップに愕然としました。

開成に関する情報をメディアで探してみると、「東大合格〜名」とか「校風が自由である」といった情報が溢れています。これらも間違っているわけではないのですが、**開成の根底に流れているのは「合理性」という考え方**だと言えるでしょう。

私が通っていた当時、開成は確かに進学校であり校風が自由でしたが、内実はかなりヘンテコなところがありました。たとえば学校の授業は超合理的で高校2年生までに数学はすべての範囲を終わらせる。しかも文系の範囲（数学ⅠA・ⅡBと呼びます）に至っては高校1年生に終えてしまう。確かに先取り学習をして、後から復習した方が合理的ですから、理解はできます。同様に、ホームルームは週に1回数十分だけ、宿題がほぼない、強制的に受験させられる外部模試がない、学校は15時前に終わる（後は部活でも塾でも好きに過ごせる）といった特徴があり、このような進学校ならではの合理的な制度には枚挙に暇がありません。

その一方で、普通の人であれば首を傾げるような謎のイベントが多数あります。たとえば年に1度行われる運動会ではなんの得にもならない激しい競技に向けて、それこそ毎年けが人を出しながらも全校が全力で取り組みます。高校3年生になると団長をはじめさまざまな役職に就いて、下級生の指導に当たります。私は「エール」を担当するリーダーでした。これがまた不思議な話で、「エール」とはいわゆる応援歌なのですが、開成にある8つの組それぞれがオリジナルの伝統的な応援歌を有しており、さらに毎年オリジナルの「エール」を作詞・作曲するのです。これだけ聞けば「なんという無駄な行為だ！」と思われるでしょう。

しかし面白いのは、こういった**伝統・制度は教員や先輩から強制的にやらされているのではな**

く、**毎年生徒が自分たちで検討・協議して実施している**ことです。そのため、運動会のルールや規則は毎年のように変更され、けがの防止や当日のスムーズな運営のための工夫が凝らされています。

要は、開成における合理性は、ただ「物事を効率的にこなす」という考え方ではなく、れっきとした**「目的」**が存在しているということです。開成の教育理念のひとつに**「人間性を開拓、啓発し、人としての務めを成す（開物成務）」**というものがあります。本書でも登場した「ペンは剣よりも強し」という言葉も有名ですが、それよりも手前に来る理念です。いわば、人間性・人格を形成するという大目的があるからこそ、勉強においては極端に効率的な制度を用いるけれども、運動会などの生徒自らが運営するイベントでは（必ずしも効率的とは言えない）伝統の取捨選択を含め、生徒に委ねられているのでしょう。

本書の趣旨からすれば、4技能とロジックという要素が重大テーマであり、開成というよりも弁論部とか、コンサルティングの話ではないかと思う方もいらっしゃるかもしれません。しかし、4技能やロジックといった合理的な手法で勉強を進めていく以前に、その「目的」が問われているというのが私からのメッセージであり、開成が私に教えてくれたことです。

LOGICAL LEARNING METHODS 02

ロジックだけでは、人は動かない

開成において私が学んだことは**「合理性に先立つ目的」**であると述べました。このように書くとなにやら難しい話が始まってしまいそうですが、本書でテーマとするのはあくまで「勉強」です。やはり勉強に取り組む以上、なるべく無駄なくこなしたいという気持ちは（実際に成功するか否かはさておき）とても理解できるものです。だからこそ、本書では4技能やロジックといったテーマに取り組み、将来にわたって活用できる力を身に付けていただこうと考えています。

しかし忘れてはならないことがひとつあります。それは**「ロジックだけで人を動かすことはできない」**ということです。勉強する際、もしくは情報を正確に伝達する際、「4技能を駆使してロジカルに情報を処理する」ことは非常に効率的ですし、そのプロセスの中に正確性を担保する要素が盛り込まれていることを、みなさんも理解いただいていると思います。しかし他人に対して実際の行動を要求・依頼したり、お願い事を聞いてもらったりするためには、正確な情報を伝えるとか、効果的に情報を伝えるだけでは不十分です。

たとえば、みなさんが子どもの頃を思い浮かべてみてください。親御さんに「勉強しなさい」「宿題やりなさい」と言われたことがあるのではないでしょうか。みなさんが幼少期から既に勉強以外で生計を立てられるような特殊技能に目覚めていない限り、つまりたいていの場合において、この親御さんの発言は間違ったものではありません。しかし、この言葉を言われて「うん、わかった。私頑張る！」と決意を固められる子どもは世の中にどれほどいるでしょうか。みなさんに問うまでもなく、こんな子どもはほとんど存在しないわけです。

人間が意思決定を行う際の判断基準は、多くの場合感情です。なにかを意思決定し、行動を起こす際には必ず「コスト」が発生します。コストとはお金に限らず、労力や犠牲、精神的負担などあらゆるものを含みますが、なにかを決める際にはこのようなコストが必ず発生します。そしてよくある勘違いとして、このコストを支払ったとしても、それを十分補って余りあるメリット（これもお金に限らないあらゆる利益が想定できます）があれば（つまりメリット＞デメリットならば）、人間は意思決定を行うという思い込みです。そしてなぜこれが勘違いなのかと言えば、人それぞれ価値観が異なるからです。

たとえば30分行列に並べば無料で焼肉が食べられるとしましょう。そんなお店があれば、ぜひ並んでみたいものです。しかし、大変お金持ちの方や芸能人の方のように、30分並ぶことに対して通常よりもコストを感じる人がいます。では、30分並んで1000円払って食べ放題だったらどうでしょう？　さらにそのお店が駅から15分歩くとしたら？　このように条件を具体化していくと、さまざまな価値観がある以上そのお店に行きたいと感じるか否かは、まったくもって一概に決めることができないという結論にたどり着きます。

私が弁論部で取り組んでいたディベートでは、勝ち負けを決めなければならない以上、価値観がブレにくい表現を用いることが推奨されていました。ロジックの基本で扱ったように、「楽しい」「うれしい」「悲しい」といった主観的表現で論理を展開しても、その価値認識は人によって異なります。そこを1億円、10億円と表現すれば、さらにその数字を言い換える（たとえば、1億円でこんなことができます、など）ことができれば、価値観のブレが生じにくいわけです。競技として勝ち負けを判断する審判にとっては、このような表現の方が自身の主観を排除できるので、大変ありがたいことでしょう。しかし現実世界においては、その数値的な表現でさえ人によって大きい・小さいという感じ方の相違があるわけです。

LOGICAL LEARNING METHODS 03

弱者のためのロジック

ロジックではなかなか人に動いてもらうことができないと述べましたが、ではなぜ私たちは4技能にわたってロジックを学ぶべきなのでしょうか。

みなさんの多くが仕事に取り組む際、「人に動いてもらう」ことは欠かせない行動です。1人でなんでもこなす職人や、1人きりでなにかを研究する学者でない限り、仕事で必ず他者とのかかわりが生まれ、「人に動いてもらう」ことが必要です。仮に指示を受けて動くことが多い会社の新人でも、上司に書類を確認してもらったり、お客様に商品を買ってもらったりと、「人に動いてもらう」ことと切り離せない関係の中にみなさんは存在します。むしろそれこそが、社会であると言えます。

前述の通り、人の価値観は多様であり、意思決定の際に重要になるのは相手の感情や気持ちの部分です。私たちが4技能を用いてロジカルに自分が正しいと思うことを相手にぶつけても、その人が動いてくれるとは限りません。むしろロジックという観点よりも、コミュニケーションの前提として相手の感情を推し量り、相手が気持ちよく行動できるように誘導する心構えの方が重要でしょう。一言でいえば「相手の感情を理解する」ということです。

しかし実はこの**「相手の感情を理解する」ためにこそ、私たちはロジックを学ぶといっても過言ではないのです。**なぜなら、自分の思考をロジカルにぶつけることは聞き手に対する説得材料になりませんが、**聞き手の感情を理解するためにロジックが活用できるからです。**

ロジックの説明は散々これまで行いましたが、ロジックとは、「説明を成立させるためにどのような分解や順序立てを行えばよいか」という研究の連続であり、それは「伝えたいこと（メッセージ）を客観的に眺めること」なのです。つまり自身が用意した分解・順序立てによって、聞き手は理解することができるのかという点を検証しているのです。当然、最適な説明の方法を探るためには、メッセージを自分視点で固定して考えるのではなく、聞き手の立場に立って多面的に捉え、客観的に認識する必要があり、それは他者（聞き手）への理解につながるものであると言えます。ですからロジックを極めていくほど、聞き手がどのように感じるか、どのようなことを思いながら聞いてくれるのかといった、「相手の感情を理解する」ことに長けていくのです。

風刺的な意味合いを含めて、「天才は凡人に教えるのが下手」とか「東大生は人の気持ちがわからない」といった話が必ず年に数回メディアに登場します。これには賛否あるでしょうが、要は「(なにかの一面で)優れている人間が他者の気持ちを理解しない場合がある」ことを表明したいのでしょう。仮にそんな天才がいるなら、そういった方は客観性ではなく、自分の世界観を大切にしてこれまでやってきたのでしょう。そして社会に通用する(他者を巻き込めるような)世界観を持てているならば、それはそれで素晴らしいことです。

しかし私を含め多くの人間は、自身の世界観で社会に通用するような才能を有していません。おそらく「自分なりの意見」を言い始めたら、ただの自分勝手や妄言もしくは誰かの真似事に過ぎない状態に陥ることは容易に想像できます。

だからこそ、客観性を身に付けて周りの気持ちを理解しようという試みが意味を持つのです。その意味ではロジックは決して「強者のための武器」ではありません。むしろ才能や独創性に恵まれない人間にとって**「弱者のための武器」である**といった方が、適切な表現なのです。

私がロジカルシンキングの話をすると、周囲の人の反応は「難しそう」というものが大半を占めます。確かに最低限のリテラシーは(本書をここまで読み進めることにすら)必要ですし、努力せず手に入るような無価値なものではありません。

しかしロジックとは決して強者・勝ち組の道具なのではなく、「これから」のために努力する人間が勝つための道具であり、**天才ではないからこそ得られる強み**だと言えるのかもしれません。

LOGICAL LEARNING METHODS 04

最終的には「質より量」

実際に勉強を行う際もそうですし、４技能におけるロジカルな力を身に付ける際にも当てはまりますが、なにかを学ぶ・会得する際には努力が必要です。世の中には大して努力せずともできるようになることもありますが、それらは本当の意味でみなさんを将来助けてくれるような存在にはなりえません。表現は月並みかもしれませんが、一定量の努力を重ね、苦しんだぶんが跳ね返ってくるということが事実です。

もちろん、「努力は必ずすべて報われるのだ」「１００努力して１００返ってくるのだ」と考えてはいけません。２００や３００、もしかしたら１０００努力して、ようやく１００返ってくるくらいに考えるべきです。そもそもなにかを勉強する、方法論を身に付けるという段階においては、その領域・分野が完璧ではないからこそ、それらに取り組んでいるわけです。

投資したものに対するリターンが１００％、つまり損なく返ってくる状態というのは相当その分野を体得した、恵まれた状態だと言えます。言い換えれば、その分野のことを徹底的に理解しており、新しく知識や技術を吸収する際に最大効率を発揮できる状態というのは、既にその時点で周囲より抜きんでた、その領域の第一人者やプロフェッショナルのレベルなのです。

その意味では、これから勉強を始めようとか、今勉強中であるという方にとっては、当然そのような最大効率を期待するのはおこがましいとさえ言えるかもしれません。

とはいえ、せっかく勉強したり技術を覚えたりするのであれば、第一人者とは言わずともそれなりの得意分野に仕上げたいという気持ちがあるでしょう。その際にみなさんの学習効果を決定づけるファクターは3つあります。

「質」「量」「ポテンシャル」の掛け算です。

もう少し簡単に言い直すのなら、**「勉強効率」×「勉強時間」×「才能」**です。

このように書くとまず目を引くのは「才能」でしょう。世の中には一定の分野において特別な才能を発揮する人がいます。私は出会ったことがありませんが、教科書を読んだだけで受験の応用問題が解けるとか、一度見ただけで教材の内容を暗記してしまうとか、そのような人たちです。

しかし安心いただきたいのは、そういった人たちはレアケースであり、世の中にそこまでたくさん存在するわけではありません。ざっくり言って世の中の95%以上の人はおおよそ同じような才能です。多少の差はあれど、ファクターとしてそこまで大きいものではありません。

ではなにが重要かと言えば、言うまでもなく「質」と「量」なわけです。当たり前ですが「質を高く」「量を多く」勉強に取り組むことがベストであり、それ以外の解は存在しません。そして「質を高める」方法を本書では4技能別に解説してきたわけです。しかし人はどうしても気になってしまうことがあります。それは「質と量どっちが大切なの？」という疑問です。みなさんも受験勉強の際にはこの論点を1回や2回は考えたことがあるのではないでしょうか。答えは「両方とも」に決まっているのですが、あえて無理やり片方を選ぶならば、私は「量」と答えます。

これまで「質」の話をしてきた人間がなぜ？　と思われてしまうかもしれませんが、それには質と量の関係に理由があります。勉強の質を高めることができても、それによって勉強量が増えるとは限りませんが、その逆は可能性があります。**たくさん勉強をしていく中で勉強の仕方に慣れ、その分野に詳しくなることで、後の勉強の質が向上する**（かもしれない）という仕組みです。

そして当たり前ですが、まったく知らない分野のことを勉強しようとしても初めはどうしても手探りで効率が高まらないものの慣れてくれば学習が捗ることと同じで、質を高めるためには、最低限一定量の勉強をこなすことが必要なわけです。

努力はすべて報われるわけではありませんが、だからこそ取り組んで得意分野をつくりたいですし、そのために量をこなすことはどのような分野でも必要である、ということなのです。

05 LOGICAL LEARNING METHODS

最強の一夜漬け

量をこなすことの重要性や優先順位の高さに関しては理解いただけたと思います。受験勉強のシーンでは伝統的に「質」が取り上げられてきたこともあり、「量より質」の風潮がありましたが、最近は「量」の価値も再評価される傾向にあるように思います。しかし本書は前述の通りどちらかと言えば「質」を扱うものでありますから、「質」についてももう少し話を補足しておきます。せっかく最終章ですので、私自身の経験を例にとって解説してみます。

私の経歴が開成高校卒、東京大学法学部卒であることから、非常に頭のよい人間であると錯覚する方がいらっしゃいます。それは大変ありがたく、名誉なことではありますが、私自身自分は本来そこまで生まれ持ったモノを有する人間であるとは考えていません。なぜなら、他人よりもたくさん勉強をしなければ、このような経歴にはならなかった人間だからです。

私は大学受験に際して高校2年生の秋から本格的な学習を開始しました。そして文字通り1日10時間以上の勉強を毎日継続していました。とくに土日や長期休みの時には1日13時間〜15時間の勉強をノルマにして、相当な時間を勉強していたと思います。

しかし東大模試で得られた結果はそこまでよいものではなく、ほとんどがD判定でした。高3から勉強を始め、私よりも確実に勉強時間が短い開成の友人がB判定やA判定をとっているのを間近で見て、正直嫉妬にも近い感情を抱いたこともあります。彼らに勉強法を聞いても、たいていスタンダードなやり方をしており、「この参考書を何周した」とか「この問題集がよい」といった程度のものでしかなく、いよいよ本格的に脳の構造が違うのではないかと疑ったものです。

私は「量」でどうにか合格までたどり着き、幸いにも現役で進学して大学生になってからは、塾のチューターの仕事をしながら再度受験について研究を深めました。

そこで発見したのは、**私が指導した生徒の大半は、私と同じような記憶力・理解力であったということです。**そして一部外れ値のように記憶力・理解力に優れた人間がいるということもわかりました。

彼らを指導していて気付いたことは、優れた人間と私のような凡人が、**実際に取り組んでいる勉強に大きな差はない**ということです。使っている教材や勉強時間にはそこまで違いはなく、おそらく勉強において自然に行っている「読む」「聞く」「書く」「話す」行為が、本質的に他の生徒と異なっているのではないかという仮説が浮上しました。もう少し具体的に言えば、**似た勉強をしていてもそこから得られる成果が違う**ということです。

そして、**優秀な生徒は情報に触れた時に、その整理や構造化が格段に上手**なのです。普通の生徒であれば雑多に暗記してしまう項目に一定の法則を見出すとか、既に持っている知識と結び付けて整理する力が優れているのです。それに気付いた瞬間が、私の転機でした。

自分が高校時代に弁論部で取り組んでいたディベートでは、情報の整理や構造化に腐心し、4技能を活用していたので、実はこれを勉強に応用できるのではないかと気付いたのです。それが4技能を活用したロジカル勉強法のスタートでした。本当ならそれ自体、ディベートをやっていた高校生のころに気付くべきことなのでしょうが、それを発見するのにも時間を要しているあたり、自分の平凡さを今でも実感します。

そして私はそれを東大法学部のテストで実践しました。東大法学部のテストは東大の中でも難しいことで有名です。学生が有志で試験対策のプリントを作成するのですが、1つの試験科目の対策プリントが数百ページに及ぶこともざらであり、単位をしっかり取得するには相当の勉強が必要だと言われていました。しかし、私はその試験をほとんど一夜漬けのみでクリアしたのです。

もう少し厳密に表現すれば、当時塾の仕事や英語学習に時間を割いていた私は、大学の勉強に熱心になれず、大学4年生になった時点で卒業まで72単位を必要としていました。これは、東大法学部はおろか、普通の大学でも絶望して留年する単位数だと思います。しかし私は1年間で82単位（厳密には他学部の10単位を含む）を取得し、無事卒業しました。もちろん大学は本来学問と研究の場であり、単位を効率的にとるのはまったくもって褒められるような行為ではありません。とはいえ、自身が編み出した勉強法でかなり効果的に学習することができるようになったことを確信した出来事でもあります。

どんな勉強をしていたかと言えば、まさに本書で解説していること(のもう少し粗削りな行為)を行っていました。まずは大量の対策プリントを読み、全体像と個別テーマの構造を把握します。この時点でわかりづらいものは裏紙に構造を整理して書き、テーマごとの自分なりのメモを作成しました。一夜漬けなので話を実際に聞くことはできませんが、構造化したテーマたちの中で理解が不足している点について、わからない分野の話を聞くかのごとく、再度プリントや教材を読みます。そして**知識がまとまった時点でひたすら話す**のです。実際の試験はすべて論述形式なのですが、実際に答案を書く真似をすると相当に時間を要するので、それを話すことで代用していました。

実際にはまだ「聞く」について深掘りができておらず、また「書く」についてもパワポ型の深い部分までの理解には及んでいませんでしたが、それでも絶大な効果があったことは事実です。そしてそのノウハウは私が社会人になり、コンサルティング会社の中で磨かれていきました。

LOGICAL LEARNING METHODS 06

勉強で身に付けた型は仕事の基礎になる

大学時代に自身の試験勉強と大学受験生の指導を通じて、私は自分なりの学習法を編み出しました。「自分なり」とは言っていますが、ある種**限られた優秀な人間が無意識に行っている情報処理を、言語化して手順を追って再現できるようにした**ものであるというのが事実です。しかし私の頭の中では、大学時代にいわゆる「お勉強」が終了し、その後社会人になって働く時にはまったく別の能力が求められると考えていたので、当時はそれ以上この勉強法について深掘りする気持ちはありませんでした。

私は自身の経験に基づいて、教育に携わる仕事がしたいと考えていましたが、自分が考えていることが一体どのような会社や組織で実現できるのか見当もつきませんでした。ひとつ言えるのは既存の予備校や塾では到底扱っていない勉強法であるということ、そしてそもそもこの学習法は特定の受験領域に限った話ではなく、もっと一般的なものであるはずだということです。

そうであるならば、自分がやりたい教育を実現するためには起業するしかないと考えるようになりましたが、起業の方法や会社経営の方法はおろか、通常の社会人としての仕事の仕方すら知らなかった自分は、まず会社に入って勉強することを念頭に置き、コンサルティング会社に就職しました。

完全に余談になってしまいますが、当時からコンサルティング会社への就職は結構人気でしたが、「少し勉強しに行こう」くらいの気持ちで採用試験を受けていた私は、そこでも凡庸ぶりをいかんなく発揮し、希望する外資系の会社にはほとんど落ちてしまったというエピソードがあります。しかし最終的に入社した会社はとてもいい会社で、たくさん勉強させていただいたし、今でも心から感謝しているので、やはり「出会い」は大切だと実感します。

コンサルティング会社ではその代名詞ともいえる「ロジカルシンキング」を徹底的に叩き込まれます。コンサルタントといっても大量の人員がいますから、ロジカルシンキングが得意・不得意な人が出てきます。しかし仮に「ロジカル指数」のような指標を設定したとすれば、やはりコンサルティング会社は他の業種と比べ、断トツで高い平均値を出すことは間違いないでしょう。そして私自身もロジカルシンキングを学びながら、それをパワーポイントやエクセルといったアウトプットの形で表現することに日夜取り組んでいました。

そこで気付いたことが、かつて自分が粗削りながらも考えていた勉強法と、コンサルティング会社における仕事の進め方や技術が、実はかなり類似していたということです。そこに気付くのにも私は数年を費やしてしまいましたが、大学生時代に勉強法を閃いたケースとは異なり、今度は確信に近いようなワクワク感がありました。よく考えてみれば、勉強でも仕事でも情報を効率的に扱うという点では同じです。もちろん仕事といっても職業や業務は無限にあるので、私のノウハウがすべての職種に有効だと言い切ることはしませんが、少なくとも情報を扱う仕事、とくに常に新しい情報が入ってくる仕事においては、勉強とも重なる部分が大きいことは見逃せません。

逆の見方をすれば私が提唱している勉強法は、むしろ仕事術に由来しているといっても過言ではありません。本書で解説しているのは、あくまでみなさんの目の前にある勉強をいかに上手に進めるかということですが、その**勉強を通じて身に付けた「型」は、仕事においても役立つものになるでしょう。**情報は毎日新しいものが押し寄せてきて、それらをすぐに形にする、というプロセスを素早く繰り返す必要があります。これは私の一夜漬けの例と同じ、と言ってしまうと例が極端かもしれませんが、決して勉強のサイクルと遠くない存在であることは理解いただけるでしょう。

LOGICAL LEARNING METHODS 07

知識は忘れても、習慣は忘れない

本書では4技能とロジックを活用した勉強法を紹介していますが、普段私はYouTubeでも活動しており（CASTDICE TVというチャンネルです）、そこでは幅広く大学受験の勉強法や大学選び、就職活動といったテーマを解説しています。最近はありがたいことに見ていただける視聴者さんが増えてきており、そのぶんコメント欄やTwitterなどのSNSで質問をいただく機会も増えました。もとより教育業界で仕事をしているので、今までも質問を受けることはたくさんありましたが、最近では一つひとつの質問に答えきれない段階まで、みなさんからの「声」をかけていただいています。

そういった質問にはさまざまな種類があるのですが、私がとても心配になる質問のひとつが、「自分で勉強対象を決められない」というものです。たとえば大学生の方から、「就職活動で有利になるには、なにをすればいいですか？　やっぱり英語ですか？」という質問をいただきます。もちろん私を頼って質問いただくことには感謝しますが、その質問に私が答えることはできません。なぜならその答え（もしくはその前提条件）を決めるのは質問いただいた方自身だからです。

一般的に就職活動という言葉を初めて聞いた人は、大学受験や資格試験をイメージしてしまうかもしれません。しかし大学生になってからはすべて自分次第です。

将来（とはいってもかなり近い未来の話ですが）どのような仕事に取り組んでみたいのか、どのような目標を立てて生きていきたいのか。挙げればきりがありませんが、そういった自分自身の目的・目標（ゴール）を設定しない限り、今なにをすべきなのかというスタート地点と、走る方向を決めることは不可能です。

とくに近年は仕事といってもあらゆる業態・業種・働き方が登場しており、大学を卒業したから会社員になるとか公務員になるとは限らない時代がやってきています。もちろん諸手を挙げてフリーランスや起業を推奨することはできませんが、選択肢の広がりはみなさんの多くも理解されていると思います。

ですから、まずは**自分の人生の目的や目標を決めるところからスタートしましょう。**目標は後から変わっても構わないので、いったん今の時点で設定して、そのゴールに対して必要な勉強を始めてみてはいかがでしょうか。勉強を通じて身に付いた「型」が将来仕事術に昇華することもお伝えしましたが、それはなんでもかんでも暗記したり、問題を解いたりするのではなく、目的に応じた情報の扱い方を学ぶからこそであると言えます。

もっと言えば、勉強したこと、とくに暗記をしたことはどんどん忘れていきます。私は大学受験に仕事でかかわっているので、受験から10年以上経過しても多少知識が残っていますが、それでも受験生が暗記すべきことのすべてを常に頭の中に保持できているわけではありません。それは大学時代に試験勉強で取り組んだ法律のこと、コンサルティング会社で扱ったプロジェクトの内容も同じです。どうしても触れていないものは、段々と記憶が薄まっていきます。

しかし、それらの**勉強を通じて身に付けた「習慣」はなくなりません。**毎日朝起きたらトイレに行くとか歯を磨くことを忘れないように、習慣化した「型」というのはずっとみなさんの中に残り続けます。そしてそうやって**残ったものが本当の「知恵」**であり、情報一つひとつの「知識」の習得・処理を通じて得られるものです。「何歳になっても勉強はできる」と言いますが、むしろこれからの時代は「何歳になっても勉強しなければならない」時代です。その中で勉強ができる「型」をいかに早い段階で習得するかが、これからのみなさんの人生を左右するかもしれません。

LOGICAL LEARNING METHODS 08

お金ではなく、「力」を貯める

近年では私たちを取り巻くお金の問題がかなり取沙汰されるようになりました。本書を執筆している時点でも年金の諸問題が話題になっていますが、本書が出版されるまで、もしくはみなさんが手にとってここまで読み進めていただくまでに、さらに大きなニュースが出てくることも十分考えられます。こういった報道の視聴を支えているのは、「今からお金を貯めて間に合うのか」「若いころから貯金しなければ」といった不安感に他なりません。

人間が新しく行動を起こす時には、おおむね2つの動機があります。ひとつは積極的な動機であり、やりたいことに取り組むモチベーションです。**正のモチベーション**と言ってもいいかもしれません。一方、**負のモチベーション**もあります。恐怖感や強迫観念から、なにか行動しなければ現在の状態が維持できないという不安感からの動機です。負のモチベーションでも行動を起こすことは可能ですが、それこそ生命の危機のような差し迫った危険に遭遇しない限り「最低限の努力で危険を回避しよう」という意思が働きます。私自身、少し恥ずかしい話ではありますが、大学時代の試験勉強おいては単純に「留年したくない」という負のモチベーションで行動していました。

しかしその最低限の努力で得られるものは、最低限の成果でしかありません。そもそも100頑張っても100返ってこないことが当然の中で、なんの下支えもなく自分だけ他の人よりも成果を挙げられると考えること自体、少し虫のいい話でしょう。やはり、本当に成果を創出したいのであれば正のモチベーションが必要ですし、そのためにも先ほど「人生の目標を決めましょう」という話をさせていただきました。

そして**正のモチベーションによって「やりたいことに取り組む」状態がつくり出せた時には、きっと取り組む内容が「攻めたもの」になっている**はずです。必ず「こうでなければならない」というルールはありません。新しい知識を習得して仕事に役立てたい、資格をとってキャリアアップにつなげたい、起業して自分の会社をつくりたい、ボランティアを通じて困っている人を助けたいといったように、どのような内容でもいいのです。

「やりたいことに取り組む」という正のモチベーションを持てているならば、いかになにかを切り詰めるとか、省略するかを考えるのではなく、対象となる領域で「攻め」の姿勢が表出しているはずです。

攻めの姿勢によって取り組んだもの、つかみとった成果は将来みなさんにとっての力になります。先ほどまで表現として利用した言葉でいえば「型」という資産になるわけです。

若いころに（というものの、若くなくても）貯金をしたり、友達をつくったりすることは大切ですが、みなさんの人生を助けてくれるのは、みなさん自身だけかもしれません。その時、貯金残高や友達の人数のように可視化されたものではないけれど、みなさんが貯めた「力」がみなさんを助けてくれるのです。そしてそれはきっとみなさんが「これがやりたい！」と情熱を注げるような、正のモチベーションで取り組めるようなものを見つけた時に開かれる扉であると言えます。

LOGICAL LEARNING METHODS 09

勉強に夢を持とう

この本を執筆するに当たり、これまで「勉強」という文字をたくさんタイピングしてきました。私は普段から勉強を扱う仕事をしていますから人並み以上にこの文字を眺めてきているはずですが、それでもこの執筆期間、今のところ人生で一番「勉強」という言葉をタイピングし、見てきたかもしれません。そして同様に、「勉強」という言葉と最も長い時間向き合ってきた期間でもあります。

やはり勉強という言葉は、「勉《つと》める」と「強《し》いる」という言葉から成り立っていることからか、もしくは単純に勉強に対する私たちのイメージなのか、どうしてもネガティブな印象があります。

今は昔よりは多様性が認められる時代なのかもしれませんが、それでも少なからず「勉強はダサい、カッコ悪い」という考えを持っている人が存在します。メディアを見ても「勉強しかできない」(生活力や仕事力が欠落している)ことを揶揄する報道が溢れており、本当の意味で「勉強ができる」というのはどういうことなのか、社会的に共通認識が欠落しているのは悲しいことです。そしてその背景には勉強に対して夢を持てていない人たちの存在が見え隠れします。勉強にどのようなメリットがあるのか、勉強に取り組めるのはどれだけ恵まれているのか。まだまだ理解されていない部分があります。努力が１００％跳ね返ってこないからか、今の教育制度において勉強に興味を持たせてあげられるだけの工夫が足りないのか、途中で多くの人が勉強を投げ出してしまう状況があります。むしろ考え方によっては、逆にストイックにならなくても十分生活していける国や社会に生まれたこと自体が幸せなのかもしれません。

しかし本書をここまで読み進めていただいたみなさんは、もうそのような雑音に惑わされることはありません。自分の道を切り開くために、自身の人生の目的・目標に沿って、すべき努力を重ねていけばよいのです。その中では、いわゆる受験勉強や資格試験のような暗記中心の勉強のみならず、広い意味での「勉強」がみなさんを待ち構えています。

その時に、本書で学び、**みなさん自身で身に付けた一生モノの勉強法がきっと役に立つでしょう。** 4技能やロジックというキーワードから広がる学習法の体系が、みなさんに立ちはだかるあらゆる情報の壁を乗り越える手助けをしてくれます。みなさんが勉強に夢を持って取り組み、そう遠くない将来、さまざまな世界で活躍されることを祈っています。

エピローグ 本物の勉強技術を

最後まで本書をお読みいただきありがとうございます。元来ビジネス書や勉強法の書籍であれば、「簡単に読めて、コスパよく成果が出る」というコンセプトが大前提であり、本書のように一度読むだけでは習得が難しく、繰り返し実践・練習を積み重ねることを前提に、本質的なノウハウを盛り込む企画は極めて異例かもしれません。

しかし本質的には（何事もそうですが）楽をして身に付けられる技術・ノウハウに高い価値はありません。本書はインターネットで検索してすぐに閲覧できるライフハック（仕事を効率化するテクニック）や勉強法を利用して、普段の仕事や勉強を多少便利にすることを否定しているわけではありません。ただ、それは本質的な技術・スキル・ノウハウではなく、将来にわたってみなさんの資産となり、人生を助けてくれるものにはなりえません。

これからのみなさんの人生にとって必ず助けとなる技術があるとすれば、それは自分で努力して身に付けるしかありません。おそらくそのような技術を獲得した人の多くは、何百、何千という時間を投下しながら模索して、自分なりの技術を獲得しています。そしてそこにヒントを与えるのが本書の役割だと思っています。何千時間という努力を数時間の勉強で再現するのは不可能でも、一定の「型」を提示することで技術の習得効率は飛躍的に向上します。

たとえば、私たちが学校で勉強した数学は、先人たちが何百年、下手をすれば何千年という歳月をかけて研究してきたことの結晶です。教科書もなくやみくもに個人が数学を研究していたら、一生涯かけても円の面積すら求めることはできないでしょう。しかし私たちには教材があり、教材から学ぶことで何百年もの時を短縮することができるのです。

本書は勉強法という方法論そのものについて、教材化を目指しました。その意味では円の面積を求めるよりも抽象度が高く理解しにくい点はあると思います。しかしやみくもに勉強をし続けるよりも、確実にみなさんが将来にわたって利用できる技術の習得につながる内容を盛り込んでいます。もちろんお伝えしたいことをすべて表現できたわけではありませんが、本書の内容の実践と習得だけでも、驚くべき成果があることはお約束します。

最後に少しだけ紹介をさせていただきます。これまであまり深く触れてきませんでしたが、私は自身の会社を経営する他に、YouTubeチャンネル「ＣＡＳＴＤＩＣＥ ＴＶ」を運営しています。２０１７年の9月に投稿をはじめ、苦しんだ時期もありましたが、最近では多くの方にご覧いただだいております。こちらでは大学受験をはじめ、大学生や社会人向けの情報を発信しています。動画という制約上、本書のような難しい話はあまり多くできませんが、そのぶん親しみやすさもあると思いますし、なにより本書では語ることができなかった細かな勉強法（教材の使い方や選び方、暗記テクニックといったコラム的テーマ）を存分に扱うことができていますので、ぜひ一度ご覧ください。

私自身、教育業界で仕事をしている身として本書やYouTubeを通じて「教育を変えたい」という気持ちを持っています。私は役人でもなければ大企業の経営者でも、大学教授でもないので、国の教育政策や受験・入試制度を変えることはできないかもしれません。

しかし（受験に限らず）勉強するみなさん一人ひとりの考え方や意識を変え、豊かに勉強できる人が一人でも増えれば、それは私にとっての成功です。当然、本書では伝えきれなかったこともたくさんありますから、それはYouTubeや（機会をいただけるなら）また別の書籍で発信し続けることをお約束します。

みなさんも私も、人生ずっと勉強です。

「開成流ロジカル勉強法」を通じて、一緒にたくさん勉強していきましょう！

２０１９年　夏　小林尚

【著者略歴】

小林尚（こばやし・しょう）

株式会社キャストダイス 代表取締役　YouTuber

1989年生まれ。埼玉県出身。高校受験で私立開成高校に入学し、弁論部キャプテンとして活動。現役で東京大学文科Ｉ類に入学。卒業後、経営コンサルティング会社の戦略部門を経て、株式会社キャストダイスを設立。得意領域は教育×コンサルティング。大学在学中には、大手予備校に勤務し、東大・医学部合格者を多数輩出する他、各種経営指標で全国1位を度々獲得。コンサルタント時代には新規事業開発、人材・組織変革に取り組み、3回のプロジェクト表彰を受賞。近年はYouTubeチャンネル"CASTDICE TV"で受験・キャリアに関する動画を配信中。大学や教育機関での講演・セミナーも実施している。

YouTube：CASTDICE TV

Twitter：@kobasho_cd

開成流《かいせいりゅう》ロジカル勉強法《べんきょうほう》

2019年 9月21日　初版発行

発行　**株式会社クロスメディア・パブリッシング**

発行者　小早川幸一郎

〒151-0051　東京都渋谷区千駄ヶ谷4-20-3 東栄神宮外苑ビル

http://www.cm-publishing.co.jp

■本の内容に関するお問い合わせ先 …………… TEL (03)5413-3140／FAX (03)5413-3141

発売　**株式会社インプレス**

〒101-0051　東京都千代田区神田神保町一丁目105番地

■乱丁本・落丁本などのお問い合わせ先 …………… TEL (03)6837-5016／FAX (03)6837-5023

service@impress.co.jp

（受付時間　10:00～12:00、13:00～17:00　土日・祝日を除く）

※古書店で購入されたものについてはお取り替えできません

■書店／販売店のご注文窓口

株式会社インプレス　受注センター …………… TEL (048)449-8040／FAX (048)449-8041

株式会社インプレス　出版営業部 …………… TEL (03)6837-4635

カバーデザイン　萩原弦一郎（256）

校正・校閲　konoha

印刷・製本　中央精版印刷株式会社

図版・イラスト　八鳥ねこ（konoha）

DTP 荒好見（cmD）

ISBN 978-4-295-40341-8 C2034